CHIKUMA SHINSHO

囲い込み症候群

会社・学校・地域の組織病理

太田 肇

Ohta Hajime

ちくま新書

324

ちくま新書

囲い込み症候群

——会社・学校・地域の組織病理

太田 肇
Ohta Hajime

324

囲い込み症候群——会社・学校・地域の組織病理【目次】

章扉イラストレーション＝田中康俊

まえがき

私たちの社会では、「社員一丸となって」とか「クラスの一致団結」といった言葉がいわば枕詞のように使われる。また、人間性回復のためには地域社会を再評価すべきだと唱えられ、住民の一体感を強めるためにさまざまな行事や取り組みが行われる。このように内側では共同体的な組織づくりに精力が注がれる一方、外側に向けては「個性ある町づくり」「特色ある学校づくり」というように分権化や差異化が図られる。それだけ組織のアイデンティティというものが重視されているわけである。

ところがこうした努力の積み重ねにもかかわらず、近年、さまざまな領域で歪《ひず》みや矛盾が露呈されてきた。まず職業生活に目をやると、各種の調査結果に表れているように日本人の職場に対する満足度の低さが際立っている。若いサラリーマンの口からは、「自分の仕事を片づけてもなかなか帰れない」とか、「人間関係が煩わしい」といった嘆きの声がささやかれる。最近は、「仕事に支障がないのに兼業が認められない」「成果をあげても報われず悪平等である」といったような、仕事に前向きな人たちからの不満も目立つ。

一方、会社の外では「地域に帰れ」というかけ声の大きさとは裏腹に、自治会、PTA、子供会などの行事への参加意欲は低く、負担の不公平や役員の選出方法などをめぐるトラブルは後を絶たない。皮肉なことに、組織への求心力を高めようとすればするほど逆に遠心力が働いているようにみえる。

また、それぞれの組織がメンバーを庇護したり平等に扱おうとするほど「内外格差」が拡大し社会的な不公平を生んだり、地域や学校の個性化が住民や生徒の個性化をかえって妨げるといった問題も起きている。不思議なことに、平等や民主主義を説く論者の多くは、なぜかこうした問題に口をつぐむ。

私はこれまで日本の企業組織を中心に研究してきたが、日本企業の最大の問題点は組織が個人を囲い込むことだと考えている。注目すべき点は、それが企業に限らずさまざまな日本の組織に共通してみられる特徴だということである。

とくに戦後の民主主義の中では、囲い込みが「市民」「自治」「参加」といった綺麗な衣をまとって静かに忍び寄るケースも増えてきた。気がついたときにはもはや身動きがとれず、異議を唱えることさえ許さないような雰囲気に支配されていることが多い。このようにして、囲い込みは個人の自由や平等といった基本的な権利を脅かすだけでなく、長期的には組織そのものを確実に蝕んでいく。

それではなぜ今、こうした問題点や矛盾が深刻になってきたのかというと、背景には個人の側の変化がある。近年、日本人の間で新しい個人主義の潮流が勢いを増してきている。それと並行して仕事や働き方も大きく変わり、人々の生活は広くかつ多様になってきた。その結果、これまでのように企業、学校、地域といった範囲の中で部分最適を図ろうとする「組織の論理」が通用しなくなったのである。条件が変化したため、かつては「人間的」と考えられた制度や慣行が、一転して「非人間的」な姿をみせることもある。また組織そのものが、新しい環境に適応できず衰退していくケースもある。

「囲い込み」を病にたとえるならば、いよいよ本格的な治療が必要になってきたことを示している。ただ、病気の治療を急ぐあまりに薬の副作用で患者が死んでしまえば元も子もない。個別の組織の中だけを最適化するという轍を踏まないよう、社会システム全体を視野に入れてそれぞれの組織を改革することが必要である。しかも単なる対症療法ではなく「囲い込み体質」そのものを改善し、健全なシステムをつくりあげていかなければならない。

本書では、私のこれまでの著作と同じく「個人」を起点にしながら、私たちの日常生活に関係の深い組織の中に入り、囲い込みの問題点を浮き彫りにしていく。ただ、単に囲い込みを批判するだけでは無責任であり、それに代わってどんな組織、社会を築くべきかという展望を示す必要がある。したがって、原理原則を重視しながらも常識や固定観念にとらわれず、身近な組織とそれを取り巻く社会のあり方、改革の方向について大胆に提言をしていきたい。

日常生活の中で組織というものに疑問や抵抗を感じている人はもとより、組織や社会のあり方について何らかの関心をもつ人に一つの見方を示すことができれば幸いである。

第一章

個人が組織に「囲い込まれる」のはなぜか

1　組織人をつくるメカニズム

†会社は共同体か

「会社にとって自分がいかに小さな存在だったかがわかった」。退職が自発的だったか否かにかかわらず、会社を辞めた人がよく口にする言葉である。それだけ、組織の中にいる間は自分の存在を過大評価していたことを意味する。

実は、このような幻想が社員の力を最大限に引き出し、日本企業の発展を支えてきたといっても過言ではない。そして、その幻想をつくり出すための仕組みが会社の中に備わっているのである。

経営者は、社員向けの訓話や挨拶など機会あるごとに、会社と社員の利害が一致していて運命共同体的な関係にあると語り続けてきた。社歌、社員章、社是・社訓、それに朝礼やラジオ体操なども共同体としての一体感を強めるためのシンボル、儀式として用いられてきた。

もちろん、それを裏打ちするような制度や慣行も存在する。個人ではなく集団単位に割り当てられる仕事。能力や業績によって大きな格差をつけない平等主義的な処遇。仕事以外の生活にまで深く関わる独身寮・社宅、レクリエーションなどの福利厚生。これらは、好むと好まざるとにかかわらずメンバーを運命共同体的な関係に引きずり込んでいく。「経営家族主義」（間宏）や「共同生活体」（津田眞澂）といった言葉が象徴するように、それは一種のイデオロギーとして経営の中に深く埋め込まれたのである。

そして、それが大きな抵抗もなくスムーズに浸透していったのは、受け入れる側のニーズと一致していたからである。戦後から高度成長期にかけて大量に採用された社員の多くは、家族や農村社会という本当の共同体から切り離されて都会に移り新たな帰属の対象を求めていた。しかも、住宅や社会保障などが整っておらず所得水準も低い時代には、大企業の恵まれた賃金や福利厚生、雇用の安定は何よりの魅力であり、会社の一員となることは大きな誇りでもあった。

しかし高度成長が終わり、農村から都市へという労働力移動も下火になった。また所得水準は徐々に向上し、社会的な制度やインフラもそれなりに整備されてきた。したがって今日では、かつてのような会社による庇護や丸抱えは必要性が乏しいはずである。

そもそも、いくら共同体を擬制しようと、企業は特定の目的を達成するために結成された機能集団（目的集団）であることに変わりはない。いつの時代でも企業にとって利潤の追求は不可欠であり、そのために社員から貢献を引き出すことが必要である。その点で、家族や伝統的な農村共同体のように自然に形成され、メンバーが本質的な価値を共有する基礎集団とは決定的に異なるのである。

†共同体を装う理由

にもかかわらず、企業が自らをあたかも基礎集団であるかのように装ってきたのはなぜか。それは共同体意識の植え付け、すなわち基礎集団をイメージさせることによって、つぎのようなプラスアルファが期待できるからである。機能集団はあくまでも利害で結びついている集団であり、個々のメンバー間、ならびに集団（組織）とメンバーの間の関係は、達成しようとする目的の範囲内に限定される。それに対して基礎集団における関係は包括的であり、しかもメンバー同士、それに集団とメンバーは深層の部分で結びついているはずである。

したがって企業の側からすれば、機能集団であることを認めてしまうと、目的や利害が一致する範囲内でしかメンバーの協力を得ることはできない。会社の業績が低迷しているときに低い賃金で働かせたり、自らを犠牲にして会社を守るような行動を期待することは難しい。とくに伸《の》るか反るかといった勝負どきには、こうした無条件の貢献を引き出せるかどうかが企業の命運を分けることにもなる。

そこで企業としては、家族や共同体のメタファーを用いてあたかも組織が一枚岩であるかのように装い、メンバーから個別の利害や打算を超えた貢献を引き出そうとする。一時流行したCI（コーポレート・アイデンティティ）や、企業文化づくりもその一環である。また意図的に会社全体の危機を演出したり、他社との競争意識をあおることもある。

しかも家族や共同体は本来、全人格的に結びついた集団であるため、会社が社員の人格に介入することが正当化されやすい。個人の家庭環境を配慮したり生活の面倒をみようとする一方で、仕事の成果だけでなく態度や意欲といった内面的な要素も管理したり、個人の私生活やプライバシーにまで介入するのは、こうしたイデオロギー的な背景によるところが大きいと考えられる。

そして、共同体意識が強くなりメンバー間の心理的な結びつきが強くなるほど、内部の序列は安定し、中心メンバーはさまざまな欲求、とりわけ名誉欲や権力欲を満たしやすくなる。

それを象徴するものとして、日本企業に特徴的な職場環境や諸々の社内行事をあげることができよう。欧米の会社では管理職は個室に入って仕事をし、食事も現場の労働者とは別の食堂でとることが多いのに対し、日本の会社では管理職も平社員も大部屋で仕事をし、管理職から現場の労働者まで同じ食堂を利用する。そして運動会などの行事には、社員だけでなくその家族も参加する。これらは、日本の会社に身分的な差別がなく、社員が人間的に扱われている例として紹介されることが多い。

しかし、はたしてそういいきれるだろうか。地位や身分の違いは、接したり比較する機会があってこそ、俗な言葉を使えば「見せびらかして」こそ実感させられるものである。個室で仕事をするのと違って、管理職も平社員も大部屋で顔を突き合わせて仕事をすれば、地位や身分の違いを見せつけたり再認識させる効果も大きい。酒の席やレクリエーションにしても同じである。一緒に飲食したり旅行に行っても、文字どおり無礼講で対等に接するわけにはいかず、職場の上下関係がそのまま持ち込まれる。その中で、「部長はああ見えても結構気前がよいし太っ腹だ」とか「課長の奥様は気さくでセンスも良いからステキ」といったイメージもできあがる。

このように、上下関係を意識させながらプライベートな時間を過ごし、さらには家族までも巻き込むことによって、序列は全人格的なものになり固定化されていくのである。こうした見方をすれば、日本の職場環境や諸々の慣行は巧妙な序列の安定装置であり必ずしも平等主義的だとはいえないことがわかる。

ところで、各種意識調査をみると、伝統的な雇用制度・慣行の改革に最も消極的なのはいわゆるミドル層である。たとえば総理府（現内閣府）が一九九五年に実施した調査によると、年功序列制が「労働者にとってはよい制度だ」と回答した有職者の比率が最も高いのは、年齢層別では四〇代、職種別では管理・専門技術職である。年功制はもとより、共同体的風土の恩恵をいちばん受けているのがミドル層であることを考えれば、彼らがそれを評価するのは当然といえよう。彼らも組織に入った当初は共同体的な風土に抵抗を覚えたであろうが、月日が経つに連れて徐々に適応し、自分の評価や待遇の「内外格差」を実感するようになってますます現状維持に傾いていったのだろう。

なお、後に取りあげる労働組合、自治会、学校など会社以外の組織でも、共同体志向のマネジメントが行われることが少なくないが、背後にはここで述べたような中心メンバーの動機が働いていると想像される。

†社員を囲い込む制度

ただ、いくら共同体のイデオロギーを掲げて一致団結を訴えたり、風土づくりに力を入れてもそれだけでは限界がある。実際に擬似共同体を維持していくためには、メンバーを組織の内部に囲い込んでおくことが必要になる。会社の中でその機能を果たしている制度としては、先に触れた広範な福利厚生制度のほか、一般に終身雇用、年功序列制、企業別組合という日本的経営の「三種の神器」があげられる（なお今田高俊は、それに「株主支配の形骸化」を加えている）。

よく知られているように、わが国では新規学卒者を正社員として一括採用し、採用後は年功という大きな枠組みの中で処遇していく。そして、中堅以上の企業では、よほどのことがない限り定年まで何らかの形で雇用し続けるのが普通だった。いわゆる「解雇権濫用の法理」を盾に安易な解雇を認めない判例や、退職金・年金、税などの諸制度も、そうした雇用慣行を外部から強力にサポートしてきた。このように、できる限り社員の雇用を保障しそれなりに処遇していく制度は、一般に「人に優しい」制度として評価されることが多い。

しかし裏を返せば、いったん中途で退職すると再就職は難しく、かりに就職できたとしても給与やポストの面で大きなハンディを負うことを意味する。先に述べたCＩや企業文化の形成も、自社の特徴を明確にし、他社との差異を強調することによって、実質的に外の世界との垣根を高くする効果をもつ。合併して何十年も経った会社でも元の会社が違えばなかなか打ち解けられないというのは、こうした見えない壁がいかに厚いかを物語る。

要するに、日本的経営は内部者と外部者を明確に区別するところに特徴があり、内部の者には優しいかもしれないが外部の者には厳しいシステムといえる。内部の者にとっても、実質的に退職という選択肢がないわけであり、局面によっては雇用や待遇の保障が移動の制限へと転化する。

そして、移動する自由がないところでは組織の圧力が際限なく個人に加わってくる。岩田龍子はこれを「高圧釜」にたとえ、赤岡功は「樊中《はんちゅう》(かごのなか)の労働者」と表現する。辞めることができない以上、たとえ待遇が悪くても、あるいは無理を押しつけられても、生活のために我慢してそこで働き続けざるをえないのである。

しかも、メンバーに対しては組織への絶対的な忠誠が求められる。それを象徴するものの一つが、いわゆる兼業(副業)禁止規定である。大半の会社では、社員が就業時間外に収入を伴う別の仕事に従事することを禁止または大幅に制限しており、「禁止していない」という会社は一八%にとどまる(図表1)。しかも一見すると自由で開放的にみえるベンチャー企業でさえ、三分の二以上が兼業を禁止もしくは制限しているのは注目すべき事実である(拙著『ベンチャー企業の「仕事」』)。

禁止や制限をする合理的理由としては、秘密保持などが思い浮かぶが、実際には「業務に専念してもらいたいから」が七七・八%と圧倒的であり、秘密保持をあげる会社は二・二%にすぎない(日本労働研究機構の調査)。私が行った聞き取り調査でも、明確な理由をあげる管理者は少なかった。

図表1　副業禁止の有無

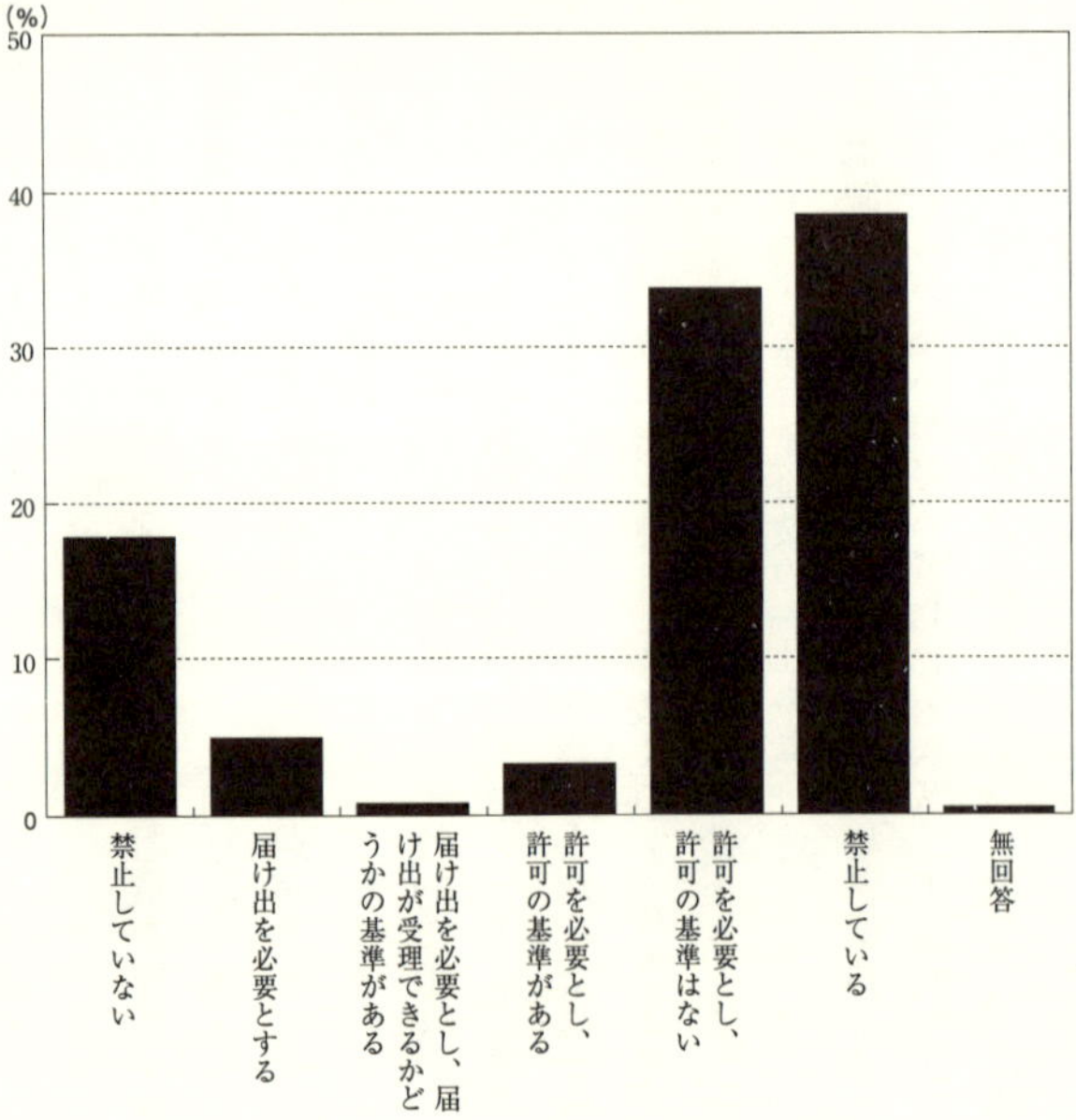

資料：日本労働研究機構『マルチプルジョブホルダーの就業実態と労働法制上の課題』（1995年）をもとに作成。

こうしてみると、必ずしも合理的な理由がないにもかかわらず禁止の網をかぶせている実態がうかがえる。兼業による具体的な不都合よりも、兼業を認めることによって「囲い」にほころびが生じるのではないかという危惧があるのだろう。

かりに兼業を認めれば、会社に対する社員の経済的な依存度は低くなる。また他社の労働条件や社風などさまざまな情報に接するようになれば、他社に比べて不利な条件で働かせることもできなくなる。要するに会社としては、社員が経済的に自立できるようになることを防ぎ、同時に情報面でもいわば「井の中の蛙」にしておいた方が都合がよいわけである。なかには、社外の研修やセミナーなどにも若手社員を出さず、直接必要がないにもかかわらず管理職が出席してくるケースや、社員が社外の人と情報交換するのを制限している会社もある。

†ゼロサム型競争の特徴

とにもかくにも、このようなシステムが完成すれば社員は組織に対して一体化し、個々の局面における利害や打算を超えて働くようになるはずである。しかし一方では、組織が大きくなるにつれて、全体の中に占める自分の役割や貢献度が見えにくくなるという問題が生じる。

たとえば、社員が一〇人の会社では自分の影響力は一〇分の一だが、一万人の大企業になると影響力は一万分の一にすぎない。努力が実感できなければ頑張ろうという意欲がわかなくなるのが普通であり、無意識のうちに仕事上の手抜き、あるいはモチベーション(動機づけ)の低下がおきる。単純な実験でも、チームの人数が増えるほど一人あたりの発揮する力は低下し、四人だと四分の三、八人だと半分になるという結果がでている

(Kravitz & Martin)。

そこで、手抜きを防止し全力を投入させるための装置が必要になる。閉鎖的な組織の中で個々人の能力を最大限に引き出すには、なんといっても社員間の競争が不可欠である。終身雇用制、年功序列制のもとでは競争が存在しないかのように誤解される場合もあるが、実際にはもちろんそうではない。年功という大きな枠の中で徐々に選別が行われ、少しずつ差がついていく仕組みになっているのである。

しかも、その競争には閉鎖系特有の厳しさがある。まず、共同体的な組織の中では、競争の勝敗すなわち地位の序列は単なる仕事上の上下関係にとどまらず、先に述べたように人間的な序列にまで結びつく。そのうえわが国の組織では逆転や抜擢人事が少ないため、一度後塵を拝すると永久に挽回できない可能性が高い。

また、目標となるポストの数、それに給与の原資が限られているため、ゼロサムすなわち一つのパイの奪い合いになる。競争に勝ち抜くためには、個々人が単に自分の業績をあげようとするだけではなく、場合によっては相互に足の引っ張り合いをすることもある。関心が内を向くので、突出した人に対するねたみも生まれる。その一方で、外に向けては同じ組織のメンバーとして団結し競争に立ち向かわなければならないのだから、個人にかかる負荷の大きさは相当なものとなる。ときにはそれが、「燃え尽き」や過労死を引き起こすこともある。

そして、その競争を直接左右するのは管理者や人事部による評価、具体的には人事考課である。日本の会社や役所における人事考課の特徴は、能力や業績だけでなく情意面、すなわちどれだけ意欲をもち積極的に働いているかが大きなウエイトを占める点にある。したがって、いくら能力が優れ高い業績をあげていても、全力で能力の向上・発揮に努めていなければ高い評価を得られないことになる。

潜在能力が一〇の者は一〇、二〇の者は二〇の力を発揮することが求められ、けっして手抜きや力の出し惜しみをすることは許されない。閉鎖的な組織の中で、よりよい処遇を得るため全力で働き続けるという「組織人」の行動様式はこのようにして形成される。

†閉鎖社会の病理現象

ただ、ここで注意すべき点は、実際に最大限の貢献をしていても、そのように評価されなければ処遇には結びつかないということである。そこから、評価されることを意識したファサード（演技）と呼ばれる奇妙な行動も生まれる。

たとえば、意欲があることを示すために必要がなくてもつぎつぎに仕事をこしらえたり、頻繁に会議を開くことがある。それが無駄だとわかっていても反対すると消極的と受け取られかねないため、無駄はますます膨らむ。公務員の仕事はそれが必要であるか否かとは無関係に膨張していくといわれるが（パーキンソンの法則）、それは必ずしも役所の世界に限ったことではない。

また出世志向の強い人は、仕事がなくても遅くまで残業して多忙さを装ったり、必要以上に大きな声を出して存在感を示そうとすることもある。有給休暇も、あまり取得しないことが勤勉さの証しとなる。かといってまったく休まなければ、抜け駆けを牽制する同僚から足を引っ張られることもある。わが国では少なくともここ二〇年以上、年次有給休暇の取得率がほぼ五〇％程度で推移しているが、この数字は周囲に配慮しながら勤勉さを示そうとする微妙な心理状態を表しているのかもしれない。

しかし冷静に考えてみると、そもそも全力を発揮しているか否かということは個人の問題であって会社から云々される筋合いはなく、少なくとも客観的な成果をあげて会社に貢献している限り、正当な代価としての報酬を受け取る権利があるはずである。また、顧客や社会にとっても、価値があるのはあくまでも広い意味における仕事の成果であって意欲や姿勢そのものではない。

しかも、それが評価されること自体を目的にした行動へと発展するにいたっては、もはや組織の利益とも無縁でありそれ自体に何の価値もない一種の病理現象といえる。場合によっては、それが不祥事の温床になったり他人の権利を侵害する可能性もあるということを忘れてはならない。有名なアイヒマン実験（S・ミルグラム）では、命令された被験者の多くが何のためらいもなく残忍な行動をとったが、それは個人内部の規範意識を失い他律的な行動をとることが習慣化した人間がいかに危険な存在であるかを物語っている。

このように囲い込みの中に潜む問題点や危険性は、個人の適応行動をとおして増幅されていく。だれでも、与えられた条件のもとでできるだけ自分に有利な選択をしようと考えがちだからである。それがどれだけ人々の能力発揮を妨げ、時間とエネルギーを浪費し、個人と組織に損失を与えているかは計り知れないものがある。

2　地域社会はユートピアか

†自治会、町内会の囲い込み体質

経済第一主義で環境や安全などの価値を軽視する企業社会、会社一筋でそれ以外の生活を省みないモーレツ・サラリーマン、続発する企業や役所の不祥事など、会社人間（組織人）がもたらすさまざまな歪《ひず》みや問題点が表面化するたびに、会社から地域への回帰が唱えられる。肩を寄せ合って暮らす地域社会こそが人間にとって理想的であり、働く人々もそこに足場を築くべきだというわけである。とくに、一九九五年の阪神・淡路大震災で地域の団結やボランティアの活躍を目の当たりにして以後、地域回帰を叫ぶ声はいっそう大きくなった。

たしかに、企業の論理や市場の波から個人を守ったり安全で住み良い環境をつくるために、また生活者の立場から個人が自発的に参加する場としても、地域社会の果たす役割は大きい。とくに子供や高齢者たちにとって、地域こそが生活の基盤であることは否定できない。

しかし、一方で地域社会にもまた、会社と同じような問題点が含まれている。そればかりか、ある面でそこには会社よりもいっそう封建的な体質が残っており、そのうえ家族全体の生活に関わるだけに、個人の自由や権利を抑圧したり制約する危険性がより高いという見方もできる。

都会で地域活動といえば、ゴミ掃除や消防から祭りやレクリエーションにいたるまで、多くは伝統的な自治会や町内会と結びついている。自治会や町内会は本来、企業のように外から与えられた目的を追求する組織ではなく、メンバーのための組織であるはずである。ところが実際には、行政の下部に位置づけられたり組織の維持そのものが目的化することにより、だんだんと個々のメンバーの意思や利益から離れた存在になっていく（この点は後に取りあげるPTAなどにも共通するものがある）。しかも自治会や町内会は、戦時体制の中に起源をもつことからもわかるように、独占的かつ半強制的な性質を少なからず受け継いでいる。

鳥越皓之は地域自治会組織の特徴として、つぎの五点をあげている。一、加入単位が世帯であること。二、領土のようにある地域空間を占拠し、地域内に一つしかないこと。三、特定地域の全世帯の加入を前提としていること。四、地域生活に必要なあらゆる活動を引き受けていること。五、市町村などの行政の末端機構としての役割を担っていること。

こうしてみると、目的の違いや程度の差はあるにしても、個人を内部に囲い込むという点では先に述べた会社と体質的に似通っていることがわかる。すなわち、そこへの参加は権利よりも義務としての色彩が濃く、実際にそこで生活する人々に対し、自治の名のもとにさまざまな行事への参加や奉仕が実質上強制されているのである。

†必要性に乏しい地域の行事

たとえば団地の自治会などでは、週末に会議を開いたり一斉に掃除をするというところが多く、欠席すると冷たい目でみられたり陰口をたたかれることもある。また役員には輪番または選挙で半強制的にならされるケースが多く、役員になると恒例の運動会、夏祭りや各種レクリエーションなど親睦行事の世話から、役所の諸行事への動員や文書配布といった行政の下請的な仕事まで無償でこなさなければならない。そのために貴重な週末や休日がつぶれ、プライベートな生活に支障をきたすといった問題がでてくる。

とくに春や秋のシーズンは、会社や学校の行事とも重なって、せっかくの休日に家族や友人と旅行やレジャーに出かけることもできなくなる。農漁村や過疎地域などでは、共同の役務や伝統的な行事も加わり、地元に残った数少ない若者は文字どおり多忙を極めている。

問題は、それらの行事の大半が半強制的に参加させたり割り当てるような性質のものではないというところにある。必ずしも重要ではなく、また住民の多くが積極的に参加したがってはいないにもかかわらず、押しつけてまで参加させる必要がどこにあるのかが問われなければならない。ちなみに外国では、地域活動の多くがボランティアなど任意参加の団体によるものであり、団地の掃除のように生活上必要な業務は専門の業者に委託している例が多いようである。

もっともわが国の農村などでは、その土地に生まれ育った人々が代々住み続けていて、住民同士の一体感があり、生活を営むうえで必要な共同作業も多い。したがって、多忙になるのはある程度やむをえないという面もある。

それに対して都会では、仕事や教育などの都合でたまたまその地域に居を構えている人が多く、地域への愛着が欠けるばかりか共同で何かをしなければならないという必要性も乏しい。そこへ、地域回帰こそ望ましいという固定観念によって無理な交流が進められると、隣同士の自然な人間関係がかえって損なわれることにもなりかねない。行政主導の自治会が幅を利かすようになって、互いに相手の立場を尊重しながら助け合う下町の人情が薄れてきたという話も聞かれる。

組織として活動することの必要性が乏しいとき、メンバーの関心は内側を向く。しかも組織が閉鎖的で脱退の自由がないとき、固定的な人間関係や支配構造ができやすい。派閥やボス支配、さらにいじめや足の引っ張り合いといった病理現象はその象徴的な副産物である。

現実の地域社会がこうした問題を抱えている以上、かりに会社人間を地域に引き戻すことができたとしても、個人にとっては単に帰属の対象が変わるだけにすぎないのではなかろうか。

3 閉ざされた学校

†塾通いと教師の対応

小学校や中学校もまた、ある地域内の者がほぼ全員入学、すなわち組織のメンバーになることが前提とされており（加入の義務づけ）、他に代わりうるものが存在しない（独占性）という点で、自治会・町内会などと同じような性質を備えている。それに加えて、学校は生徒の卒業や進学・就職という将来の人生を直接左右する事柄に決定権や影響力をもっているだけに、メンバーを囲い込み拘束する力の強さは自治会や町内会の比ではない。たとえば、実際の影響力がどれくらいあるかは別にして、内申書が会社の人事考課と同じような「威嚇」力をもっていることは否定できない。

しかもその拘束力は間接的な形で、生徒と生活を共にし保護責任を担う親にまで及ぶ。親には親の都合があるにもかかわらず、学校が決めたスケジュールをすべてに優先しなければならない。また、PTAなどをとおして奉仕が押しつけられることもある。

裏を返せば、ここにあげたような囲い込みの条件が崩れると、学校ならびに教師の存在感が薄れ、生徒や保護者に対してはもちろん、地域を含む社会での発言力やステイタスも低下することを意味している。生徒が学校外で教育を受けたり、関心が外に向くのをできる限り避けようとするのは、会社が社員の兼業を認めたがらないのと本質的には同じである。

象徴的な例として、生徒や親を巻き込んだ学校と塾とのせめぎ合いがあげられる。進学熱の高い地域では、中学受験のために小学校の三、四年生くらいから塾通いをする子が少なくない。なかには、明らかに学校の授業よりも塾での勉強に力点を置いていると思われる生徒もいて、授業が終わると一目散に下校し塾へ向かおうとする。

このような現状を快く思わない教師の中には、「学校と塾とどちらが大切なんだ」と問いつめたり、ときによっては生徒が独力ではこなせないほどの課題を与え、それができるまで学校に残すという強硬手段に出る教師もいる。

加熱する受験戦争に眉をひそめている人たちは、ひょっとするとこうした教師の対応に拍手を贈るかもしれない。あるいは、学校の勉強をおろそかにしても長い目でみれば得にならないという考え方もあろう。しかし、問題は受験や塾通いの良し悪しではなく、学校や教師が個人の行動をどこまで管理・制約することが許されるかというところにある。子供の教育権がどこにあるかは議論の分かれるところであるが、少なくとも法律上、教育権は親にあることが定められており（民法第八二〇条）、常識的にも学校・教師が生徒の将来に対して責任を負わない以上、学校や教師が管理できる範囲は自ずと限られるはずである。本人や親の意思に反してまで学校外の正常な生活に干渉するのは、明らかに行き過ぎであるといわなければならない。

かりに受験制度に問題があるなら一斉に改革すべきであり、受験制度がよくないから受け持っている生徒を塾に行かせないというのは、特定の個人に不条理なハンディを押しつけることであり、別の大きな問題を引き起こすことになる。

同じように学校外の活動であっても、他の習い事やボランティアなど学校・教師の領分を侵さない場合には比較的寛容であることをみると、塾通いを特別視することの理不尽さがわかるだろう。

文部科学省も最近になってようやく塾の役割を認めるようになったため、学校側の塾に対する認識も少しずつ変わりつつあるが、塾通い云々よりもむしろ生徒を囲い込む体質そのものが問われなければならないのである。

†スポーツは運動部が独占

勉強以外の活動であっても、それがいったん組織の中に組み入れられると、囲い込みの対象になる。

部活動はその代表的なものといえよう。多くの公立中学校では、運動部に入ると土日も含め一年中、早朝から日没まで練習に明け暮れる「運動漬け」の生活を送らなければならない。その陰で、本人はもちろん世話をする家族までもが泊まりがけで外出することもできないという大きな犠牲を払っているのである。一方、運動部員以外は実質上、グラウンドや体育館などの施設から閉め出され、友達同士で休日や放課後にスポーツを楽しむことはできない。要するに、運動部に入ってプロ顔負けの猛練習をするか、あるいはまったくスポーツをしないかの両極端に二分されることを意味している。

山田浩之によると、かつて生徒の世界であった部活動は勉強と同じように制度化されていき、教師が指導者として深く関与するようになった。その結果、部活動はサブカルチャーとしての魅力を失い参加者も減少してしまったという（二〇〇〇年一〇月一四日付「日本経済新聞」）。大学でも「運動漬け」にならざるをえない体育会系のクラブへの加入率は低下しているといわれる。後に述べるように、囲い込まれて強制的な性質を帯びるにしたがって、組織から人の気持ちが離れていくのである。

山田も述べているとおり、部活動を制度化した背景には、生徒を健全に育成するという目的がある。たしかに部活動をとおして心身が鍛えられ、基本的な生活態度を身につける効果もあるだろう。また消極的な意味では、運動漬けにしておけば非行の道に走る時間もエネルギーも奪い取ることができるかもしれない。

しかし、ここにも全体を見渡す広い視野が欠けているといわなければならない。部活動を制度化することによって内と外に二分され、運動部に属していない限りスポーツができなくなって参加者も減少しているというのでは、全体の視点からすると青少年の健全育成にむしろ逆行しているともいえるのではなかろうか。多くの大学では自然発生した同好会が運動部を凌ぐほどの学生を集めていることをみても、自由に参加できる組織へのニーズがいかに大きいかが理解できる。

なお、塾通いへの対応にしても部活動にしても、こうした問題を引き起こす当事者になるのはどちらかというと教育・指導に熱心な学校や教師であることが多く、それだけ問題の根が深いことをうかがわせる。宮寺晃夫は、教育の場が聖域化され、教育の問題を《社会全体のなか》で議論するのではなく、社会の問題が《教育のなか》で議論されていると指摘する。囲い込みの問題も、そうした閉鎖的かつある意味で独善的な体質と無縁ではなく、このような構造を見直すところから改革を始める必要があるといえよう。

4　囲い込みの背景

†組織に囲い込みはつきものか

囲い込みは、これまで取りあげてきた組織以外にも広くみられる現象である。たとえば、本来は企業への対抗組織であるはずの労働組合も、わが国では企業別に結成され組合員は自社の正社員に限定されることが多いため、どうしても会社の傘の下から逃れられない。それどころか、なかには会社以上に体制的で管理志向が強い組合もある。そのため個人にとっては、会社と組合の双方から二重の網がかぶせられることになる。

自由や民主主義を標榜する学問の世界でも、一部に学閥や派閥が存在していることは周知のとおりである。また、そこにはいわゆる徒弟制が根強く残っているため、弟子が自分の許しを得ずに外部の研究会や研究プロジェクトに参加することを嫌ったり、弟子の就職の面倒をみるかわりに将来にわたって自分の手足のように使おうとする人は必ずしも珍しくない。

スポーツの世界でも、たとえば大相撲では部屋制度があって力士の生活全体が管理され、他の部屋に移ることは原則として許されていない。プロ野球の場合にも、建前上選手は個人事業主でありながら実際には練習から生活面まで球団によって管理されており、FA（フリーエージェント）などの例外を除き選手に移籍の自由はない。しかも任意引退という扱いになれば、ユニホームを脱いだあとも選手の保有権をもつ球団に縛られる。陸上競技、水泳、体操といったアマチュア選手も、日本オリンピック委員会（JOC）によって肖像権が一括管理されていてCMなどへ自由に出演できないといったことがある。

こうしてみると、囲い込みがわが国の組織でいかに幅広く、ごく当たり前のように行われているかがわかる。

もっとも、囲い込みそのものはある意味では組織に備わっている普遍的な性向であり、必ずしもわが国に特有の現象とはいえない。たとえば西洋でも教会、家族、政党などさまざまな組織や集団がメンバーの忠誠を求めてきたことが記されているし（L. A. Coser）、アメリカ社会の産業化に伴って、組織に囲い込まれた「オーガニゼーション・マン」があらゆる領域で大量に生み出された様子も描かれている（W・H・ホワイト）。ただ、わが国では先に掲げた例からもわかるように、囲い込みにブレーキをかける勢力が弱いためそれがエスカレートしがちである。その背景にはいったい何があるのかを考えてみたい。

†聖域化が改革を阻む

すでに述べたように、会社は社員を内部に囲い込み、家族や共同体になぞらえることによって、打算を超えた貢献を引き出そうとする。ただ、いくら家族や共同体のメタファーを用いようとも、その本質的な構造や行動をみていれば会社が機能集団であることは明らかであるし、ある程度の不利益を甘受すればそこから退出することができる。外資系企業や一部のベンチャー企業のようなよりオープンな勤め先をさがしたり、思いきって脱サラをするという選択肢もある。

しかも近年は、会社一辺倒の生き方に対する世間の風当たりも強くなってきたため、会社としても社員の囲い込みには自ずと自制が働く。それどころか、むしろ本音としては囲い込みをやめリストラを断行したいと思っている経営者も少なくなかろう。いずれにしても長期的には競争原理が働くため、非効率であるとか社員に受け入れられないようなシステムは自然淘汰されていくはずである。

それに対して自治会や学校などの組織は、地域独占的であり家族全体の生活に深く関わっているため退出は容易でない。そのうえ、「これからは地域のつながりを密にすべきである」とか、「家庭、地域、学校が一体となって子供を守り育てていかなければならない」

といった反論を許さないようなテーゼがある。したがって、囲い込みから逃れることもそれに異論を唱えることも困難なのが実情である。ハーシュマン流にいうならば、「退出」や「告発」という形で不満が述べられてはじめて組織を変革できるのであり、それが行われなければ暗黙のうちに了解されていると解釈されてしまう。

その結果、かりにメンバーの活動が消極的な場合でも、活動を見直したり廃止するのではなく、逆に「意識の低さ」が問題にされることになる。また、個人の権利を侵害する恐れがあったり明らかにナンセンスと思われるような行事でも、自然淘汰や自浄作用が働かずいつまでも残っていることが少なくない。

たとえば、町内会に入らなければ家庭のゴミが出せなかったり市からの連絡が伝わらないという地域や、特定の団体のために奉仕や寄付が半ば義務づけられているようなケースがある。また、中学生が遊泳禁止の川で泳がないようにPTAの役員が真夏に連日炎天下で見張るという、信じられないような過保護とそのための犠牲を払い続けている地域もある。さらに、早朝から音量をいっぱいに上げて行う傍若無人のラジオ体操や、各種行事への有無を言わせぬ動員の割り当てなども、聖域化がもたらす負の産物といえよう。

こうした旧弊や不合理がまかり通り、しかも批判や抗議を許さない雰囲気が支配する中では、当然のことながら精神的な負担やストレスも大きくなる。些細な行き違いから地域住民の人間関係が悪くなることがあるし、一日中地域で生活する専業主婦の妻と昼間は地域の外で働いている夫とが意識のズレで対立することもある。また働く女性などからは、「自治会やPTAよりも会社で働く方が自由で楽しい」という声もあがっている。そして、女性が社会進出するうえでそれが一つの足かせになっていることも否定できない。

†「私」より「公」を優先

私たちは、会社、労働組合、自治会、学校といった公式な組織以外にも、さまざまな組織や集団に属しながら生活している。それは、家族・親族、スポーツのチーム、趣味やボランティアの仲間、自己啓発のグループなどさまざまであるが、個人にとってはそれぞれが意味のある生活領域である。むしろ、半ば強制的に参加させられる公式の組織と違って、これらの非公式な組織や集団の中にこそ生きがいを見出している人も少なくない。

ところが、私たちの社会には「私」より「公」を優先すべきだという暗黙の前提が存在するため、個人的あるいは私的な性格が強いこれらの生活領域は、会社、地域、学校といった公的な領域よりも軽く扱われる。実際、公的な場で行事や会合の予定をたてたり仕事の調整をするときに、私的な都合を持ち出すことははばかられる。たとえ私的な理由で異議を唱えても一蹴されるのが落ちである。どうしても自分の都合を考慮してもらおうと思えば、要領よく「公」を装わなければならないのである。

このように、囲いの内側にある「公」に対して、とりあえずは外側にある「私」の方があらゆる面でしわ寄せを受けることになる。たとえば、会社のために全力投球させたり地域やPTAの行事を増やすことは、それだけ私生活が犠牲になることを意味している。

ここに興味深い調査結果がある。勤務時間に拘束されない裁量労働時間制を導入した会社では、皮肉なことに導入前に比べるとかえって会社にいる時間が長くなり、家族と一緒に過ごす時間が減少しているのである（森田雅也）。時間で管理されなくなったためいっそう仕事に没頭するようになった結果だと解釈することもできるが、私はつぎのような別の見方をしている。

裁量労働制を導入したからといって、組織による囲い込みがすべて取り払われたわけではなく、多くの会社では将来のキャリアから処遇まで組織によって包括的に管理されている。個人の立場からすると、自分の将来が組織に全面的に委ねられているなかでは、勤務時間という一応の基準が取り払われたならば、自由度が増すどころか勤勉さをアピールするためには「私」の領域をいっそう切りつめ、「公」のために無償で長時間働かなければならなくなったことを表しているように思える。

それを裏づけるように、かつて私が行った聞き取り調査では、裁量労働制を導入した会社の中でも同時に徹底した成果主義に切り替えた会社では本来の趣旨どおり個人の生活に合わせて活用されていたが、あいまいさが残る旧来の評価制度を変えなかったところでは裁量労働制もほとんど活用されていないという実態が浮かび上がった。人事評価は個人の将来を大きく左右する。その評価制度があいまいであれば、「公」の肥大化によって「私」の領域は際限なく侵食されかねないということである。

ちなみに、日常生活の中における時間の使い方について、わが国では満足している者より満足していない者が多く、他の国と比べても満足度の低さが目立つ（図表2）。そして、この調査では、大半の者が家族と過ごす時間や自分の個人的時間が「もう少し長い方がよい」と答えている。週休二日制の導入などによって実労働時間そのものは欧米とそれほど大差がなくなっているだけに、このような不満はむしろ時間管理の面における自律性の低さや心理的な拘束感などを反映していると解釈することができよう。

なお、ここで「私」に対置されている「公」は、必ずしも英語でいう public を指してはいないということに注意すべきである。日本社会における「公」の実態は、単なる「公式化された集団」という程度のものであることが多く、個人の私生活に比べて必ず優先すべき性質のものとはいえない。本来の「公」とは何かを徹底して追求してみること、そして本気で個人を尊重しようとするならば、「私」を堂々と主張しそこから全体との調和点

図表2　日常生活のなかにおける時間の使い方について

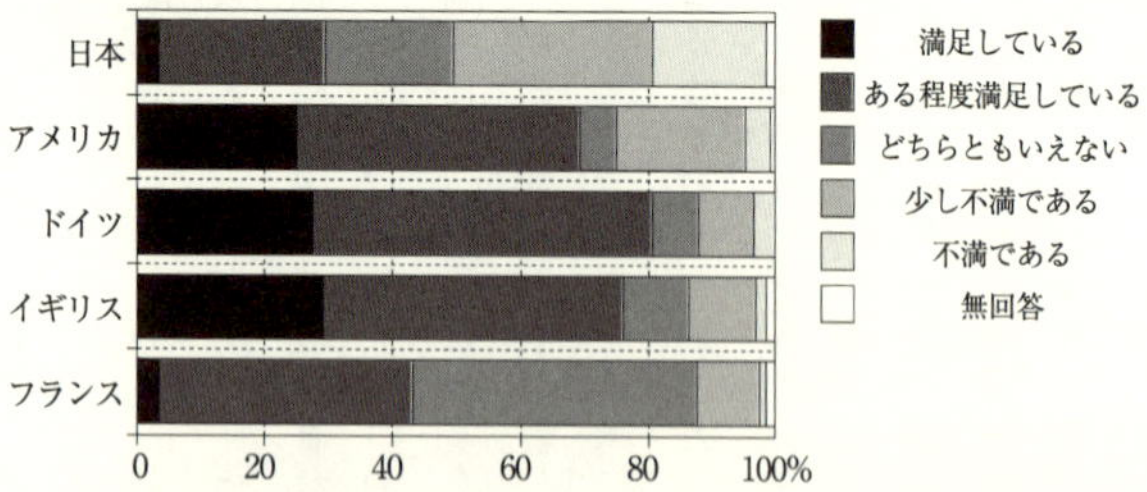

資料：日本労働研究機構・連合総合生活開発研究所「勤労者の生活意識に関する5カ国比較調査研究」（1997年）をもとに作成。

を求めていくような思いきった風土改革に踏み切ることが必要ではなかろうか。

「柔軟な組織」の中のストレス

カッコつきの「公」を優先する風土のもとでは、個人を活かすはずの組織が逆に個人を拘束したり、集団の自律性が個人の自律性を奪うようなことがある。

組織論の分野では、古くから官僚制組織（機械的組織）と有機的組織という分類がある。官僚制組織とは、ルールや手続きが細かく決められた組織である。それに対して有機的組織は、全体と個とが密接に結びついた有機体のような組織であり、ルールや手続きの厳格さよりも柔軟性が重視される。これまで多くの識者たちは、非人間的な官僚制組織に代えて人間的な有機的組織を取り入れるべきだと唱え続けてきた。

有機的組織の中では、個人が伸び伸びと活動し能力を最大限に発揮できると考えられ、アメリカの会社などでは実際にその効果をあげてきた。一方、もともとルールや手続きよりも臨機応変の対応が優先されてきた日本の会社は、はじめから有機的組織としての特徴を備えていたといってよい。それは、ルールや制度よりも現場における柔軟な対応を重視する、ある意味で現実的な経営として評価された反面、組織への一体化や無際限な貢献が要求されることによって、長時間労働やストレスの原因にもなった。

同じように有機的組織の形態をとっていても、アメリカなどでは個人の自律性を拡大する効果が大きいのに対し、わが国ではむしろ個人を抑圧する傾向をもつのはなぜか。

その理由として、つぎのようなことが考えられる。欧米では、もともと個人の権利や仕事上の権限が職務記述書や契約書などの明示的手段により保障されているため、組織が柔軟になればそれだけ個人の自律性は拡大する。実力次第でより大きな仕事ができるようになり、キャリアを広げるチャンスも増えてくる。それに対してわが国では制度的な保障が不十分なため、組織が柔軟になって全体と個が融合するようになれば、個人は組織に全面的に取り込まれ個の領域は限りなく小さくなる。その結果、組織と個人の目的や利害が一致している場合はともかく、そうでない場合には個人が大きな圧力にさらされることになるのである。

たとえていうと、自分を守ってくれるしっかりとした家庭がある子供は外で思う存分遊ぶことができるのに対し、いじめられても帰る所のない子供は自分を守ることに精一杯でとても外で遊び回ることなどできない。個人に対する制度的な保障が不完全な日本の組織では、必然的に後者のような立場に置かれるのである。ちなみに、先に紹介した裁量労働制をめぐる一見意外な調査結果もこうした構造から生まれたものと解釈できる。

このような日本型の有機的組織は、企業の中に広く普及している。アメリカで考案されながらわが国で独自に発展を遂げたQC (quality control) サークルも、その一形態である。多くの場合、サークル運営の特徴として「自律性」が謳われているが、自律性はあくまでも集団を単位としたものであり、必ずしも個人としての自律性が尊重されているとは言い難い。個々のメンバーは、集団の決めた目標や方針に従わなければならず、会社によって集団間の競争が煽られるほど集団の圧力が個人を強く拘束するからである。

こうした日本的背景のもとでは、非人間的といわれている官僚制組織の方がむしろ個人にとって利点が多いという見方もできる。そもそも官僚制には統治する側の権力をルールによって制限する機能が備わっており、それによって個人は組織の中で権利を保障される。M・ウェーバーが官僚制の特徴として掲げる、「規則に基づいた権限」や「公私の分離」などはいずれも、組織の個人に対する際限のない介入や束縛に歯止めをかける機能を果たしていることを見逃してはならない。

したがって、伝統的な日本の組織のように組織が個人に対して圧倒的に有利な状況のもとでは、官僚制が個人の自律性を妨げるというマイナス面よりも、むしろ組織と個人の関係を一定の範囲に限定するプラス面の方が大きいかもしれない。先のたとえでいうと、弱い立場の子供にとっては、外へ遊びに出られなくても安心できる自分の家がある方がましだということである。

要するに同じ制度であっても、立場の違いによって、また置かれている状況によってまったく対照的な効果を及ぼすことがあり、個人の権利や自由度が実質的にどれだけ保障されているかを見定めなければならないのである。

「プロセス重視」の危うさ

つぎに、個人の評価や責任というところに焦点を移してみよう。

わが国の会社や役所では、仕事は個人ではなく組織で行うことが建前になっている。そのため、人並みに努力している限り、たとえ特定の人が仕事で失敗したり成果をあげられなくても、それによって大きなペナルティを受けたり同僚との間に極端な処遇の差がつくことはまずありえなかった。そのことをもって、日本的経営は人間尊重の経営だといわれることもある。

しかし、成果を厳しく問われないということは、逆に大きな成果をあげても正当に報われないことの裏返しでもある。実際に、わが国の会社や役所では、欧米と比べて個人の業績による評価や処遇が徹底されていない。しかも、組織で仕事を行うという建前のもとでは、個人が手柄を立てた場合にも組織の一員として当然の仕事をしただけということになり、その功績は組織やその長のものとされることが多い。警察などでも、表彰を受けるのはたいていが署長をはじめとする幹部である。いわば合法的な手柄の横取りが行われているのである。

ただ組織としては、成果で管理しないのであればプロセスで管理することが必要になってくる。そこで本来は成果につながる客観的・具体的なプロセスに注目するところだが、わが国の組織では意欲、態度、姿勢といったきわめて主観的かつあいまいなもので管理しようとする。とくに、成果の大小にかかわらず一定の待遇が保障されている以上、すでに述べたとおり成果をあげようと全力で努力する姿勢が強く求められるのである。

わが国の役所や多くの会社には、職務に専念すべきことを定めた規定がある。たとえば国家公務員法第一〇一条では、「職員は、法律又は命令の定める場合を除いては、その勤務時間及び職務上の注意力のすべてをその職責遂行のために用い、政府がなすべき責を有する職務にのみ従事しなければならない」と定められている。

ここで注目すべきなのは、どれだけの成果をあげるかではなく、最大限の努力をする姿勢だけが要求されていることである。実際にいくら仕事で高い成果をあげていても職務に専念することを怠れば処罰の対象になるが、専念している限り成果をあげなくても処罰されることはまずありえない。行政のオンブズマンと称する人たちも、市役所の窓口などで職員の働きぶりを一日中監視しているケースはあるが、職員個人の仕事の成果を厳しくチェックしているという話は寡聞にして知らない。

成果を厳しく問われるのと徹底して意欲や態度で管理されるのと、どちらが人間的で望ましいかは人によって評価の分かれるところであろう。ただ、少なくとも自立した個人の人間性尊重という視点からは、一挙手一投足、さらには内面にまで入り込んで管理することの方が問題が大きいといえるのではなかろうか。このような管理を続ける一方で、仕事に誇りをもてとか、自発的に仕事をせよといっても無理である。

一方、学校は会社などとは性格を異にする組織であるが、成果よりプロセスを重視することが囲い込みを助長している点は同じである。たとえば中学・高校の内申書は、会社の人事考課制度と同様に評価の基準があいまいであり、また評価者の主観的な裁量に委ねられる部分が大きい。それが、現実に生徒の逸脱行動を抑止する効果をもつ反面、行動や内面の自由を必要以上に束縛している点は問題である。客観テストにも問題がないわけではないが、少なくともこのような弊害を防げることは事実である。

「結果よりもプロセスを重視せよ」というのはもっともなようであるが、一面ではこうした危険性を含んでいることを忘れてはならない。とくに、意欲、態度、姿勢といった、人格的でかつあいまいな要素によって他人を評価したりコントロールすることの危うさを考えるならば、客観的な成果によって非人格的に扱う方が弊害は少ないといえよう。

†個人責任を問わない社会

このことは、個人が起こした問題に対する責任の取り方にも表れている。

わが国では、問題を起こした当人の責任は厳しく問われることが少ない反面、当人が属する組織とその管理者の監督責任は厳しく追及される。役所や警察などでは、職員がプライベートな問題で事件を起こせば幹部がマスコミの前で部下の監督不行き届きを詫びる。学校では、どう考えても生徒個人の責任としか言いようがないような事件で校長が頭を下げ、生徒や親の責任はうやむやにされるケースが少なくない。

組織や管理者の立場からすれば、部下や生徒が問題を起こすことによって自分たちが詰め腹を切らされることがないように管理を強化せねばならない。責任が問われる範囲全体、すなわち仕事や学業だけでなく私生活にまで広く網を張って管理しようとするのは当然といえよう。「自由と自己責任」とは反対の「不自由と無責任」がそこに生まれる。

そして、より上位にある組織や外の社会は、このような組織内部の管理強化や相互監視を利用して秩序を維持しようとする。それがいわゆる連帯責任の制度である。

高校野球などで部員が何か不祥事を起こせば、チームには連盟から大会への出場を辞退させるといった制裁が加えられる。不祥事を起こした当人は、他の部員からはもちろん、その家族やOBなどさまざまな関係者からいろいろな形で非難が浴びせられることは想像に難くない。共同体的な風土の中では、それが公式な制裁よりも当人にとっていっそう耐え難いものになる。

本来なら自分一人の問題として責任をとればよいにもかかわらず、連帯責任が科されることによって、周囲の恨みを一身に受けなければならないのである。このような構造が不祥事の発生を抑止し、高校野球全体の品位を保つという効果はあるかもしれないが、見方によれば個人とチームに過大な制裁を加える陰湿なシステムであり、罪と罰の均衡という面からも問題がないとはいえない。

いずれにしても、個人の責任をあいまいにする風土が囲い込みを助長し、最終的に個人が過大な代償を払わされていることはたしかである。

†欠ける「個人尊重」の精神

　このように、会社はもちろん、それとは目的も役割も異なる役所、学校、PTA、自治会といった組織に同じような風土が存在することは注目に値する。そして、そこで生じるメンバーの囲い込みは、たとえ個人の権利を侵害したりさまざまな不都合を生んでいることが明らかになっても、外圧など特別な力が働かない限りなかなか改善されない。その根本的な原因はいったいどこにあるか。

　これまでみてきたように、わが国の組織には、具体的な必要性が乏しいにもかかわらず、包括的な網をかけてメンバーを囲い込むという特徴がある。それが安易に行われ、なおかつ可能なのは組織と個人の双方、ならびに社会的にも本当の意味で「個人尊重」の精神が欠けていること、とりわけ個人の権利や自由といった基本的な価値に対する認識が低いことが最大の原因であると考えられる。

　周知のように、キリスト教の影響が強い欧米の社会では、出発点に独立した個人があり、自発的に組織をつくったり契約で組織に入るという考え方が浸透している。底流には、個人の権利や自由意思を最大限に尊重しようとする精神がある。また、それらを立憲的に保障する制度も備わっているため、自分の権利や自由が抑圧されれば法的手段に訴えることができるし、それによって社会的に非難を浴びたり疎外されることもない。そして、このような精神や制度は個別組織の中にまで及んでいる。

一方、東洋でも中国、台湾、韓国といった国や地域では、わが国と比べて組織の囲い込みは比較的弱いようにみえる。これらの国や地域は、いずれも利害や血縁などのネットワークが発達しているところに共通性がある。それを足場にしたある種の個人主義的風土が存在するため、組織に囲い込むことが難しいのかもしれない。

それに対してわが国では、もともと「個人」という概念が希薄で組織への忠誠が重んじられてきたなかで、明治以来、政府主導で急激に産業化が進み大規模な組織や社会的な制度が形成された。したがって、自立した個人が組織をつくったり合意して組織に入るというよりも、最初から既成の組織に所属することが前提になっていたといってよい。また、組織の中では各自が自己抑制するため、派閥や非公式のネットワークはあってもその力は組織によって統制不可能なほどではなく、組織の秩序は基本的に維持されてきた。

今日でも、このような構造そのものは変わらない。そのため、さまざまな領域や場面で当然のごとく組織が個人に優先される。実際に、文字どおり自発的であるべきボランティア組織でさえ、ボランティアを単なる頭数ととらえて参加が義務づけられるようになったり、本来の仕事以外でつき合いを求められることがあるといわれる。そのほか新興の会社や団地の自治会、ＰＴＡなど、比較的歴史の浅い組織においても簡単に囲い込みが成功するのは、こうした背景があるためと考えられる。

第二章

保護と抑圧、自治と不公平

——中間組織の二面性

1　分権の功罪

†中間組織とは

前章では組織による囲い込みを個人の立場から批判的にとらえてきたが、問題の本質を理解するためには、組織論の視点から立体的な構図を描いておく必要がある。ここではまず、個人を囲い込もうとする組織そのものが、社会全体の中でどのような位置を占めるのか、そして組織が力をもつということは何を意味するのかを考えてみたい。

一般に社会学では全体社会、部分社会という分類が用いられる。全体社会とは文字どおりすべての領域を包括する社会のことであり、それに最も近いのは国家である。もっとも、グローバル化に伴って国家の絶対性は薄れつつあり、将来はEUのような国家を超える組織が大きな権力を手中にし、それが全体を統治する可能性はある。とはいえ、少なくとも当面は主権国家こそが全体社会としての役目を果たすことに変わりはなかろう。

それに対して特定の領域のみに関わる社会が部分社会であり、その多くは国家と個人の間に位置する。したがってそれらは、中間組織あるいは中間集団、中間団体と呼ばれる

（以下では「中間組織」に統一する）。会社、労働組合、職業団体、政党、地方自治体、自治会・町内会、NGO（非政府組織）、NPO（非営利組織）など、およそ組織と名がつくもののほとんどはこの中間組織に含まれる。

なお、これらの中でも、伝統的な会社や労働組合、自治会・町内会、PTAなど古くから存在する公式的な組織と、NPOやボランティア組織、趣味や特定目的のために結成された組織とでは、いろいろな面において違いがみられる。そこで便宜上、前者を「旧中間組織」、後者を「新中間組織」と呼ぶことにしたい（もちろん両者を区別する絶対的な基準があるわけではない）。

ところで、中間組織もまたそれ自体が階層構造をなしている。会社の中にも事業部や支店、出張所、あるいは部、課、係などがあるし、学校の中にも学年やクラスがある。それらの関係もまた、全体社会と中間組織の関係に類似するものがある。したがって、社会全体の中における個別企業は中間組織であるが、一つの企業（corporation）を全体ととらえれば事業部や部門、支店などは中間的である。同じように、学校のクラスや、都道府県の中の市町村や区、市町村の中における自治会・町内会なども、とりあえず学校、都道府県、市町村に対して中間組織とみなすことができる。

ここでは、中間組織をこのように、より全体に近い組織（社会）と個人との間にある組織として相対的な位置関係でとらえることにしたい。

政治学や社会学の分野では、国全体の中で一定の位置や役割を占める政党、職業団体などが中間組織として扱われることが多かった。

A・ド・トクヴィルは、ヨーロッパの歴史を振り返り、また一九世紀のアメリカ社会を観察しながら、それぞれの地方、都市、それにさまざまな団体や結社が、中央から行使される権力を緩和する役割を果たしていたことを指摘する。またW・コーンハウザーは、ファシズムや共産主義が中間組織の弱体化した大衆社会を温床として広がったことから、多元的な中間組織の必要性を説いている。

このような中間組織の役割は、組織のレベルを問わず、かなり一般化することができる。すなわち第一の役割は、より大きな組織の権力がむき出しの個人に対して加わるのを緩和する、一種の緩衝剤あるいはシェルター（避難所）になることである。たとえば、住民の生活を守るためという理由で自治体が国策に従わなかったり、現場の管理者が各部署の特殊事情を盾にしてリストラから部下を守ろうとする例など、中間組織のそうした役割はいたるところで目にすることができる。

さらに、より積極的な側面として、中央集権的体制に組み込まれた組織の独走をチェックしたり、あるいはそれに代わる役割を果たすことがある。強大な圧力に抗して自らの思いを実現したり既存の組織に代替するためには、バラバラな個人ではあまりにも無力であり、何らかの形で組織として結束することが不可欠である。労働組合、政党、NGO、NPOなどの多くは、このような機能を果たすために生まれたものである。

†分権のメリット

このように中間組織には、より大きな組織の圧力から人々を保護したり、あるいは人々の活動を支援する機能がある。そのため、全体社会から中間組織へ、あるいは上位の中間組織から下位の中間組織への分権や権限委譲（厳密にいうと委譲と移譲は異なるが、本書では区別しないことにする）は、民主主義の理念にかなうものと考えられている。しかも、人々により近いところへ権限が下りてくれば、政策や組織の方針に個人の意見が反映されやすいというメリットがある。会社や役所の内部における権限委譲にしても、国から地方への分権にしても、多くの人々に歓迎されるのはそのためである。

さらに、身近な存在に対する親近感や一体感など、一種の情緒的な要素も分権を求める声になることがある。住民にとって天下りの官僚よりも地元出身の首長のもとで生活する方が、あるいは社員にとって親しく話したこともない社長よりも元同僚の事業部長に率いられる方が幸せだと感じるのは当然であろう。それは、言ってみれば高校野球で地元の高校を応援したり、オリンピックで日本選手の活躍を願うのと同じ心情である。

一方、効率性という面からみても、社会が複雑になり環境の変化も激しくなるに伴って、政府も企業も中央集権的な計画・統制がうまく機能しないケースが目立つようになった。地域にはその地域特有の事情があり、企業でも部門や事業所ごとに置かれている条件が違い、しかもめまぐるしく変化しているからである。したがってそれぞれの地域や部署の問題は、当事者でありまた現場のことをよく知る人々の自己決定に委ねた方が合理的だという考え方がますます強まってきた。

個人の立場からすると、とくに組織のメンバーが同質的で利害が共通するとき、組織に権限が委譲されることの意義は大きい。たとえば、離島や豪雪地帯が一つの行政区になっている場合や、研究部門、デザイン部門のように同じ種類の専門家が集まっている場合である。前者では地域の特殊事情を踏まえた対策に予算を重点的に投入することができるし、後者では自由な職場環境と柔軟な勤務形態など専門職の特性にマッチしたマネジメントを採用しやすくなる。あるいは、ダム建設や基地問題のように、その地域が特殊な問題に直面している場合にも分権すなわち自治の拡大には意味がある。

このように分権の一つのポイントは、いかにして利害の共通する切り口を見出すかである。現実的かどうかはともかく、理屈のうえではテーマごとに分権の範囲と担当すべき中間組織のレベルを変えるのが理想であり、NGOやNPOが部分的にはその道を開くかもしれない。

いずれにしても、分権化は個人にとってもまた組織全体にとっても望ましいというのはもはや世論の大勢になっているといってよい。政治の世界では、二〇〇〇年に地方分権一括法が施行され、国から地方への権限委譲が一歩進んだ。また企業でも、分社化や社内ベンチャーなどによって現場の活力を引き出そうとする試みが盛んに行われている。さらに規制緩和、すなわち企業などの活動を制限してきた制度や慣行の見直しも、広い意味の分権化に含めることができる。

†少数派が抑圧される危険性

しかし、何事にも表と裏、功と罪があるように、分権にも良い面と悪い面がある。ここでは、個人の視点からそれを考えてみよう。

利害を分ける一つの要素は、組織の階層すなわち組織における立場の違いである。一般に、組織のトップならびにその周辺に位置する者は組織と利害を共にすることが多い。彼らにとって、分権は自らの権限増大に直結するため、分権に積極的なのは当然である。地方分権が進めば自治体の権限や裁量範囲は大きくなり、規制緩和によって会社の自律性は高まる（逆に規制に守られている会社もあるが）。

その結果、自治体の首長や幹部、会社の経営陣は自らの夢や目標を実現しやすくなるし、独自のやり方で業績をあげれば地位や名声も高まる。同様に、会社、役所、学校などの中でも事業部長、部課長、各クラス担任への権限委譲が進めば、彼らにとって有利なことが多い。

ただ、むき出しの野心や私利私欲だけで分権を勝ち取ることはできない。実際に彼らが中央あるいは上位の組織から権限を獲得するためには、末端の人々からの支持が不可欠である。そこで彼らは、分権が末端の人々にもあまねく利益をもたらすことを熱心にＰＲする。先に述べたように、分権の具体的メリットを強調するだけでなく情緒的な一体感や親近感に訴えるのも常套手段である。選挙の際には各候補が地元出身であることをしきりに強調し、会社の中でも「同じ釜の飯を食った仲」とか「戦友」といったメタファーが使われる。

ここで冷静に考えてみると、各組織のトップと他のメンバーの利害は必ずしも一致しないことがわかる。それどころか、時には分権によって個々のメンバーが不利益を被ったり、権利や自由が侵害されることがある。いくつかの例をあげてみよう。

たとえば、ある市が条例で環境保全のために住民に特別の負担を課すことを定めたと仮定する。そうすると住民は、法律で規定された以上の負担を強いられることになる。また、特定の小学校あるいはクラスで、音楽の教育に力を入れることになったとする。その場合、音楽の才能を伸ばそうとしている生徒にとってはよいが、音楽には興味がなく勉強で私立中学の受験を目指している生徒にとっては、むしろ平均的な学校や特徴のないクラスの方がよいと思うかもしれない。会社でも、事業部や部門に権限が与えられると同時にその業績に応じて処遇が決まるようになった場合、業績があがらない事業部や部門の社員は不満を感じるだろう。

先に、「組織のメンバーが同質的で利害が共通するとき、組織に権限が委譲されることの意義は大きい」と述べたが、それは異質なメンバーや利害の対立する人がその中に居づらくなることを意味する。そして場合によっては、多数派が特殊利益を得るために少数派が抑圧されたり排除されることにもなりかねない。先の例では、音楽コンクールでの入賞を目指してクラス全員が猛練習を行うことになれば、それに参加しない生徒は除け者にされたりいじめられるかもしれない。すなわち少数派や異端者にとっては、多様なメンバーによって構成される大規模な組織に比べて同質的な小規模組織では活動がしにくいのである。

ただし、個人が自由意思で組織を選択したりそこから脱退することが容易であるなら、このような問題は回避される。しかし現実には他の地域への転居や他の学校への転校、別のクラスへの移動が簡単にできるわけではない。会社の場合にも、どこの会社に就職するかは自分で決められても配属先を選ぶことは難しい。しかも、それぞれの部門で必要不可欠な人材ほど囲い込まれ、本人の意思に反してもそこに引き留められる。そのため個人にとっては、自己の責任によらない不利益を押しつけられることになる。

なお、このような指摘に対してはつぎのような反論があるかもしれない。間接民主制のもとでは住民は自分たちの代表が行った決定に従うべきであり、問題があるとすればそのような代表を選んだ住民自身の責任である。事業部や部門単位の業績主義についても、皆がそこで全力をつくして業績をあげればよいわけであり、業績があがらなければメンバーが責任をとるのは当然である。

これは一見するともっともらしいが、実は一種の全体主義につながりかねず個人にとって極めて危険な考え方であるといえよう。個人がいくら行政に参加できるといってもその影響力は全住民の一人にすぎず、会社の事業部や部門でも数千人、数百人のうちの一人でしかない。したがって、個人が負うべき責任は、数千分の一とか数百分の一になるはずである。すなわち、住民全体、事業部・部門のメンバー全員の責任（それはあくまでも観念的なものにすぎない）を個々のメンバーの責任に直接結びつけているところが問題なのである。

ここでは、それぞれの組織の中で利害が異なる少数派の立場から分権のデメリットを指摘したが、彼らはそもそも特殊な存在ではなく、個人が複数の組織や集団に所属する以上、だれもが少数派になりうることを忘れてはならない。たとえば、ある地域では多数派の住民だった人が転勤先の土地ではよそ者として扱われることがある。また会社ではキャリアウーマンとして陽の当たる道を歩んでいる人が、ＰＴＡや自治会では仕事をもつ少数派ということもある。

このように、中間組織への分権によりかえって個人の権利が脅かされることは少なくない。市民革命や明治維新などにも象徴されるように、そもそも近代化はある意味で中間組織の束縛から個人を解放し自由と平等を獲得するプロセスだった。それを思えば、中間組織の役割や存在価値を過大視することには危険な要素が含まれていると警戒しないわけにはいかない。したがって分権もまた、その効果が個人レベルに及んではじめて積極的に評価すべきなのである。

2 拡大する不公平

†自治体間の競争がもたらすもの

つぎに、組織の内から外へと視野を広げ、分権すなわち中間組織に権限や自律性を委ねることが、社会全体の中でどのような不公平をもたらすかを考えてみたい。

地域重視の論調が強まるとともに、地域間の競争意識もかきたてられるようになってきた。なお、ここでいう「地域」は、市町村あるいは都道府県といった比較的広い範囲を指すものとする。

国から都道府県や市町村に権限をできる限り委譲し、各自治体を企業のように競争させるべきだという主張はそのような気運の高まりを背景にしている。企業間の競争によって価格が低下してサービスが向上したように、自治体間でも競争によって住民サービスの向上が期待でき、それが全体のレベルアップにもつながるというわけである。さらに、大都市を地盤にする議員などからは、大都市の企業や住民が納めた税金が過疎地域などのインフラ整備に使われるのは納得できないという、「大都市犠牲論」も唱えられる。

これは、自由とならんで近代市民社会の基本理念の一つである平等、とりわけ機会の平等と深く関わる問題なので少し踏み込んで考えてみたい。

自治体間で自由競争をさせれば、当然のことながら財政力の豊かな自治体と貧しい自治体、あるいは地理的に恵まれた自治体とそうでない自治体との間でサービスの格差が生まれる。豊かな自治体の住民は充実した公共施設を利用し、手厚い福祉サービスを受けることができる。それに対して貧しい自治体や不便な地域では施設もサービスも貧弱であり、住民がかりに同じサービスを受けようとすれば高額の自己負担が必要となる。

たとえば、二〇〇〇年にスタートした介護保険制度では、市町村によってサービスの内容や保険料に大きな格差がある。交通手段の格差はそれ以上に大きい。多くの大都市に住む高齢者は市バスを無料で利用できるのに対し、過疎地域では日常生活に不可欠な唯一の交通手段である民営バスを利用するのに高額の運賃を支払わなければならない。魚一尾、牛乳一本買うためにも、また診療所に通うにも半日の時間と千円単位のお金を余分に費やしているのである。

しかもそれが、時として単なる金銭的な損得どころではない深刻な問題を引き起こす。ある県内の隣接する二つの市のうち、一方の市では無料でバスに乗れるがもう一方の市では運賃を支払わなければならない。有料の方の市では運賃節約のために無理をして歩いたり自転車を利用する高齢者が多いため、無料の市に比べて交通事故に遭う率が高いという。間接的ではあるが、分権が生む歪《ひず》みの象徴といえる。

最大の問題点は、このような不公平が個人の責任によらないところで発生していることである。すなわち、行き届いたサービスを受けられるか否かは、たまたま居住する自治体の財政力、行政能力が高いか低いかによって決まるわけであり、人為的な不平等以外の何ものでもない。

†東京一極集中はなぜ生じたか

しかも、恵まれた地域で生活していること自体が、恵まれない地域の人々の犠牲のうえに成り立っているという側面もあることに案外気づかれていない場合が多い。たとえば、主要な道路や鉄道は大都市から整備され、都道府県庁などの行政機関はもちろん、産業施設や国公立の大学、文化施設なども利用者の多い大都市に造られるのが普通である。その結果、大都市に人材や資金が集まり、産業が栄えて住民の所得も増え、納税額も高くなるのは当然である。要するに効率優先や数の論理のもとでは、主要なインフラは都市に集中し、結果として格差はますます拡大するという悪循環が形成されるのである。

地方の住民の立場からすれば、同じように納税しているにもかかわらず、主要な公共財が大都市に偏在し、高等教育、文化、医療などのサービスを十分に受けられないのだから、「大都市犠牲」どころか犠牲になっているのは自分たちだという不満があってもおかしくない。

そもそも行政の役割は、市場メカニズムや競争原理では達成できない価値を実現することにある。とりわけ、すべての国民に一定の生活を保障することは行政の大きな責任である。

ここで、いわゆる東京一極集中の問題を考えてみよう。国家的見地から主要なインフラを大都市に集中させる機能的な分業体制は、急速な経済発展を図るうえでは効率的であり、欧米に追いつくことを最優先にしたキャッチアップの段階では有効な政策だった。ただ、一方でそれは、ある意味で個人や地域が犠牲になることを容認した、全体主義的な発想であったことは否めない。しかし、そのことをもって中央集権よりも地方分権が個人や地域のために望ましいと結論づけるのは短絡的すぎる。かりに自治体の権限を大幅に拡大し、国家による財源の配分を極小化しても、地方レベルで同じように効率が追求されれば結果として大都市への集中化が進むことは確実だからである。

すなわち、東京一極集中は中央集権に必然的な副産物ではなく、全体の効率性が優先された結果なのである。国家の役割は、当然のことながら全体の効率化や発展を図ることだけではない。むしろ、市場メカニズムや競争原理に委ねていては実現できない、地域の均衡や住民間の公平といった目標を達成することが重要な役割である。とりあえず欧米先進国へのキャッチアップを実現した今日、成長や発展といった全体的な価値よりも「個」の価値に重点を移すべきではなかろうか。そのような視点から国家が本来の役割を果たしているならば、特定地域にインフラが集中することはないはずである。一極集中は、むしろそれが不徹底なために生じた現象といえなくもない。

以上のような考え方に対しては、つぎのような反論が予想される。

第一は、いわゆるナショナルミニマムはすでにほぼ達成されており、自治体間の競争によって生じる不公平は是認すべきだという主張である。とくに近年勢いを増した分権化論の背景には、格差の拡大はある程度やむをえないという暗黙の前提がある。

たしかに、従来の指標でみる限り「ミニマム」は達成されているようにみえるかもしれない。しかし、ミニマムの水準そのものが相対的なもので、全体が豊かになるほどその水準も上がるということを忘れてはならない。とくに、好むと好まざるとにかかわらずだれもが市場の競争に巻き込まれるようになると、わずかな格差が決定的なハンディになる場合もある。たとえば、情報化社会では一刻の情報の遅れが致命的であるし、低価格化競争のもとでは運送コストのわずかな差でも勝負にならない。受験でも、一点や二点のところでしのぎを削っているのが現実である。

そのうえ、高等教育機関や文化施設などの有無による教育の格差は、現在だけでなく成長後、すなわち将来の競争条件にまで取り返しのつかないハンディをつけることになるし、医療の格差は人命や健康という人間の尊厳や存在そのものにまで関わってくる。格差の拡大を是認すべきだという人々は、このような問題をどう考えるのだろうか。

第二に、需要と供給の関係上、地域格差が広がればやがてバランスがとれる方向に力が働くという楽観的な見方がある。たとえば、過疎化が進めば地価や賃金が下がるので企業が進出するようになり、やがて平準化されていくというわけである。

マクロな視点でみる限り、そのような作用がある程度働くことは否定できない。問題は、まず市場メカニズムが働く領域はごく限られているということである。たとえば、採算のとれない交通網の整備や医療の充実にそのような平準化作用が期待できるだろうか。そして、かりに市場による調整が行われるとしても、その間に個人レベルでは取り返しがつかないほどの不平等が生じることは明らかである。

第三に、自治体間で格差が生じても住民がサービスのよい自治体を選択して住めばよいという主張がある。会社と同じように、自由競争によって全体のレベル向上が図れるという見方である。しかし、家族を含めた生活の拠点である住所を簡単に移すことはできないし、移った住民と残った住民が受けるサービスの格差はますます拡大することになるため、現実離れした議論であるといわねばならない。

†「強者」の論理としての分権

それでもなお、サービス向上のために競争が不可欠だというのであれば、第五章で述べるように新しい次元を付け加えながら選択と機会均等の折り合いをつけるべきである。それとならんで、他方では直接行政に携わる公務員の競争を促進することも必要ではなかろうか。周知のように、わが国のほとんどの自治体では個々の公務員の仕事も責任もあいまいであり、処遇は画一的でかつ横並びである。公務員の人事制度について詳しく論じることは本書の範囲を超えるが、金銭以外の報酬も含めた広い意味での成果主義を取り入れることによって意欲を引き出し、サービスの向上を図ることは可能である（拙著『『個の時代』と行政』『受験ジャーナル』）。ここでも、個人レベルへの分権が先決なのである。

このように、一口で市場原理の導入、自由競争といっても、競争の単位が組織か個人かによってその意味は大きく違ってくる。地方分権に限らず、企業、学校その他の組織でも下部組織への分権によって不公平が生じる場合がある。先に掲げた企業の事業部、学校のクラスなどへの権限委譲や自主性尊重が個人にしわ寄せをもたらすという問題は、同時に自由競争の大前提である機会均等を損なうという問題にもつながる。

そして、いずれの場合にも分権によって得をするのは力の強い側である。実際に、積極的な分権支持者の多くは、財源の豊かな大都市の住民であったり、収益があがる事業部のメンバーである。子供の世界にたとえると、親や教師がいないと喜ぶのが力の強い兄や姉であったりガキ大将だったりするのと同じである（正確にいえば、彼らは自分の実力で争っているだけまだ正当性がある）。先に、中間組織はより大きな組織の権力から個人を守るシェルターの役割を果たすと述べたが、このことはとりもなおさず中間組織がメンバーの特殊利益の獲得を目指すものであることを意味しており、全体の平等という理念とはそもそも相容れないものなのである。

要するに、分権はある意味で強者の論理であることは否定できない。しかも多くの場合、強者としての地位は個人の能力や努力によって築かれたものではなく、すでに述べたようにたまたまその組織に属していたことで有利な条件を手に入れただけなのである。その意味で、「強者」が説く分権論は、下手をすると単なる既得権擁護のための理屈になりかねない。そして、分権化で組織間の競争が激しくなれば、個人の責任によらないある種の偶然によるこのような不公平がいっそう拡大することが危惧される。

中間組織の役割を過大に評価しそこに大きな権限や独立性を与えることは、場合によっては個人の自由や平等という基本的な権利を侵すことになり、社会的な正義の面からは必ずしも望ましくないということである。

3 政治の場と化す中間組織

†三極構造の複雑さ

中間組織には、外部の圧力からメンバーを守ったり、人々の結束力を発揮させるといったメリットがある反面、個人の自由や利益を侵害したり不公平をもたらす場合があることをみてきた。それでは、このような複雑さはいったいどこから生まれるのだろうか。

一般に、管理社会、管理教育などが問題視されるとき、背後にある国家権力やそれを頂点にしたピラミッド型の権力構造に原因を求めることが多い。とりわけそこにイデオロギーに基づく体制批判の意図がある場合、「国家権力による個人の抑圧」というように単純化されやすい。たしかに中間組織がそうした構造の中に位置づけられ、いわば国家権力のエージェント（代理人）として個人に圧力を加えている側面があることは否定できない。

しかし、このように中間組織を国家権力対市民、支配対被支配といった単純な構図の中でのみとらえようとすると、全体像を見誤る恐れがある。閉鎖社会においては、縦方向だけではなく同僚同士の締めつけや会員の間にみられるいじめなど、横の方向からも圧力が加わりやすい。

また、反権力、反中央の旗を掲げるローカルな組織の「権力者」が、一方では自らメンバーを囲い込んでいるケースもみられる。なかには、自分が行っている囲い込みを正当化したり支持を得るために、上位の権力と闘うポーズを取ることさえある。いずれにしても、より上位の組織に対しては個人の利益を擁護する立場をとりながら、同時に直接個人を抑圧するといったヤヌスの顔のような両面性をもつことになるのである。

このように、全体と個という二極構造の中に中間組織が入り三極構造になることによって、利害の共通性や対立の構図がわかりにくくなる。さらに、中間組織はそれ自体が多段階の重層的構造をなしているため、関係はいっそう複雑になる。行政組織を例にとれば、国家と個人の間に都道府県、市町村があり、さらに実質上その下に自治会・町内会が位置づけられている。企業の場合も、事業部、部、課、係というように階層化されているのが普通である。そして、それぞれが上を向くときと下を向くときとでは別の顔をみせる。

したがって、単に権力のヒエラルキーを崩せばよいというものではなく、一言で分権といってもどのレベルにどれだけの権限を付与するかによって力関係のバランスは微妙に違ってくる。そして、具体的な権限の配分には、決定に関わる当事者の利害や力関係が大きく作用することを知っておかなければならない。

†なぜ多元的に帰属できないのか

このようにして全体社会と中間組織の間、ならびに中間組織同士が互いに権限の獲得、自律性の拡大をねらって運動を繰り広げる。そして、それぞれの組織がメンバーによる忠誠を求める。その運動の中に個人が巻き込まれることになる。

もっとも、G・ジンメルなどの考え方によれば、複数の中間組織が存在して個人がそれらに多元的に帰属することは、個人の自律性という面で望ましいはずである。個人にとってそれだけ選択肢が増えるからである。ところが、現実をみると必ずしもそうはなっていないようにみえる。むしろ個人の自律や裁量の余地は小さくなっているのが実態であろう。その原因はどこにあるのか。

個人が複数の組織に帰属しながら自律性を確保するためには、帰属する組織や帰属の度合いを選択できなければならない。ところが、先にあげたような組織はいずれも選択が難しく、半ば強制的に帰属させられているものばかりである。それは、すべての組織がある意味で一元的な構造の中に組み込まれているからである。

職業生活では、会社に入ると一方的に部、課、係に配属され、その会社の組合員にもなる。地域に帰れば地方自治体や自治会に組み入れられ、子供が通う学校ではPTAの会員にならなければならない。子供は子供で、親の居住地によって入る学校が決められ、入学すればクラスに割り当てられる。そして地域では、子供会や少年団に入るのが当然とされる。

すなわち複数の中間組織に帰属しているといっても、そのほとんどにいわば受動的に組み込まれていて個人に選択の余地はない。このような一元的構造の中では、帰属する組織が増えるほどかえって自由な時間と空間は失われていく。

そこで、本来の多元的帰属を可能にし個人の自律性を確保するためには、第五章で述べるように一元的構造を崩す中間組織をつくっていかなければならない。そして他方では、より上位にある組織、すなわち中間組織を超える存在が本来の役割を果たすことが必要になる。

中間組織の内外で生じる権力争いや多数者の専横から個人の権利を保護し、普遍的な基準で人々を律することは、より上位の組織の責任である。企業の中では各部署に対する本社、行政組織の中では地方に対する国が、そして最終的には主権国家がその役割を果たさなければならない。

こうした利害の対立を前提に、国家の絶対的な権力を肯定したのがT・ホッブズである。もっとも、ホッブズが主張するほど大きな権力を国家に与えるべきかどうかは疑問であるが、その点は第五章で論じることにしよう。

第三章

「個人化」によって変わる組織との関係

1

個人主義化の波紋

†集団から個人へ

組織による囲い込みは、もちろん今に始まったことではない。しかしわが国ではこれまで、その問題点が指摘されることはあっても組織の体制を根底から揺さぶるようなうねりとなるには至らなかった。ところが今日、ソフト化・情報化やグローバル化、それを梃子にした市場主義の席巻によって、囲い込みの非効率性が露呈されてきた。さらに囲い込まれる側、すなわち個人そのものが大きく変わりつつある。ここでは、個人の意識や価値観、それに働き方や生活そのものの変化に注目してみたい。

日本社会あるいは日本的経営の特徴といえば、良きにつけ悪しきにつけ真っ先にあげられるのが集団主義である。そしてそれは、あたかも日本人固有の特性に根ざすものであるかのごとく信じられてきた。実際に、企業をはじめさまざまな組織が集団的に運営され、メンバーである個人はそれに適合するような行動特性を身につけていたことはたしかである。

ところが、変わらないと信じられてきた日本人の価値観や行動様式に変化の兆しがみられる。

山口生史・七井誠一郎は、首都圏のホワイトカラーを対象にした調査から、職務を通じて自己実現を図ろうとする志向、ならびに自分が興味をもつことを自由にやりながら自己啓発をしようとする志向が強まっていることを見出し、日本人の労働志向が集団主義から個人主義へと急速に移り変わりつつあると結論づけている。また稲上毅は、「個人生活優先」「生得的差別禁止」「集合的問題解決行動からの退却と公正格差への価値志向」という三つの要素で個人主義化をとらえ、この二〇年ほどの間にもそれが着実に浸透してきていると述べている。

実際、かつては利己主義とも混同され、かなり違和感を与えた「個人主義」という言葉が、最近ではさほど抵抗なく受けとめられるようになった。政府や社会もまた、個人を重視したシステムへの転換が必要だと認識し始めた。たとえば、首相の諮問機関である経済審議会が一九九九年に発表した「新一〇カ年計画」には、自律した「個」を基盤にした経済社会を構築すべきであるという提言が盛り込まれている。

ただ、個人を重視するとは具体的にどうすることなのか、個人主義をどのように解釈するかについては必ずしも明確なイメージが描かれているわけではない。もとより個人主義そのものが極めて多義的な概念であり、いろいろな定義や分類が可能である。たとえばイギリスの社会学者であるS・ルークスは、人間存在の価値や自律、プライバシーといった価値を表すものから、方法論的個人主義のように文字どおり方法を表すものまで一一の特徴を掲げている。作田啓一はその中から「人間の尊厳」「自己発展」「自律」「プライバシー」「抽象的個人」を選び出し、この五つが最も要素的な価値観であると述べている。

そこに表れているように、伝統的な個人主義は、社会的な理念や規範と個人的な価値観とを統合したものと理解できるが、ここではできるだけ単純でかつ私たちの感覚にも合うよう、個人としての価値観や行動基準に注目し、つぎの二つのタイプに分類することにした。

一つは、他者との関係の中で自分の優越性を求めたり、周囲を支配することに価値を置くタイプであり、「競争型個人主義」と呼ぶことができる。人間のもつ欲求のうち尊敬、自我、あるいは支配、自己顕示などの欲求と関係が深い。山崎正和も指摘するように、自己顕示などの欲求はそもそも他人の存在や承認を必要とする点で最終的に他者依存から抜け出すことができず、したがってルークスや作田が定義しているような伝統的個人主義とは若干性質が異なる。ただ、受験戦争や立身出世主義に象徴されるように、いろいろと毀《き》誉《よ》褒貶《ほうへん》を伴いながらわが国の社会に溶けこんできたことは否定できない。

†自律型個人主義の台頭

もう一つは、価値基準を自分自身の中に求めるタイプであり、「自律型個人主義」と呼ぶ。自分なりの生活スタイルにこだわりマイペースで生きようとするところに特徴があり、狭義の自律や自己実現の欲求と関係する。

先に述べたように競争型がある面で他者依存から抜け出せないのに対し、自律型は基本的に他者へ依存しない。その意味では究極の個人主義といえる。

かつて、リュックを背負いハンバーガーをかじりながら街を闊歩する欧米人を私たちは多少とも奇異な目で眺めたように、周囲をはばからずマイペースを貫く姿勢は日本人にとってなじみの深いものではなかった。ところがわが国でも、皮相な部分か否かは別にして欧米の文化がさまざまな媒体をとおして広がっていった。また少子化で兄弟姉妹の数が減り、家庭や寮では個室を与えられるのが普通になるなど、他人と交わり共同生活する機会が減少した。そうした影響のためか、若者の価値観や行動様式には明らかな変化がみられるようになった。ひところ世間で話題となった「新人類」や「オタク族」などの振る舞いは、自律型のある一面を象徴的に表すものといえよう。

そして、よくみるとそれは必ずしも若者の世界に限られた現象ではないことがわかる。

図表3　「自分志向」の変化

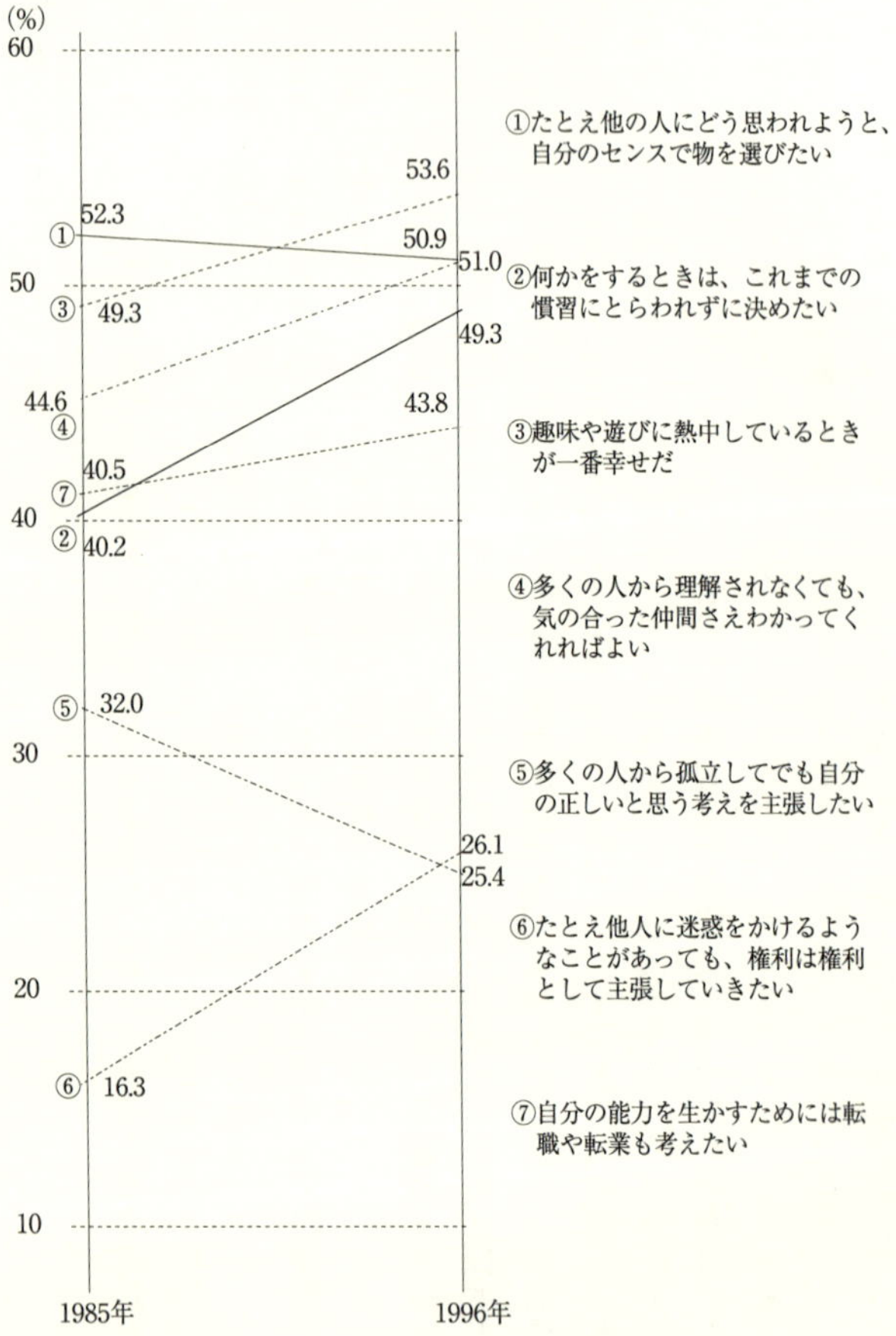
(%)
60
50
40
30
20
10
1985年
1996年
①52.3
③49.3
44.6
④
40.5
⑦
②40.2
⑤32.0
⑥16.3
53.6
50.9
51.0
49.3
43.8
26.1
25.4
①たとえ他の人にどう思われようと、自分のセンスで物を選びたい
②何かをするときは、これまでの慣習にとらわれずに決めたい
③趣味や遊びに熱中しているときが一番幸せだ
④多くの人から理解されなくても、気の合った仲間さえわかってくれればよい
⑤多くの人から孤立してでも自分の正しいと思う考えを主張したい
⑥たとえ他人に迷惑をかけるようなことがあっても、権利は権利として主張していきたい
⑦自分の能力を生かすためには転職や転業も考えたい

資料：生命保険文化センター「1996 日本人の生活価値観―第 4 回・日本人の生活価値観調査―」をもとに作成。

図表4　フリーター数の推計（男女計）

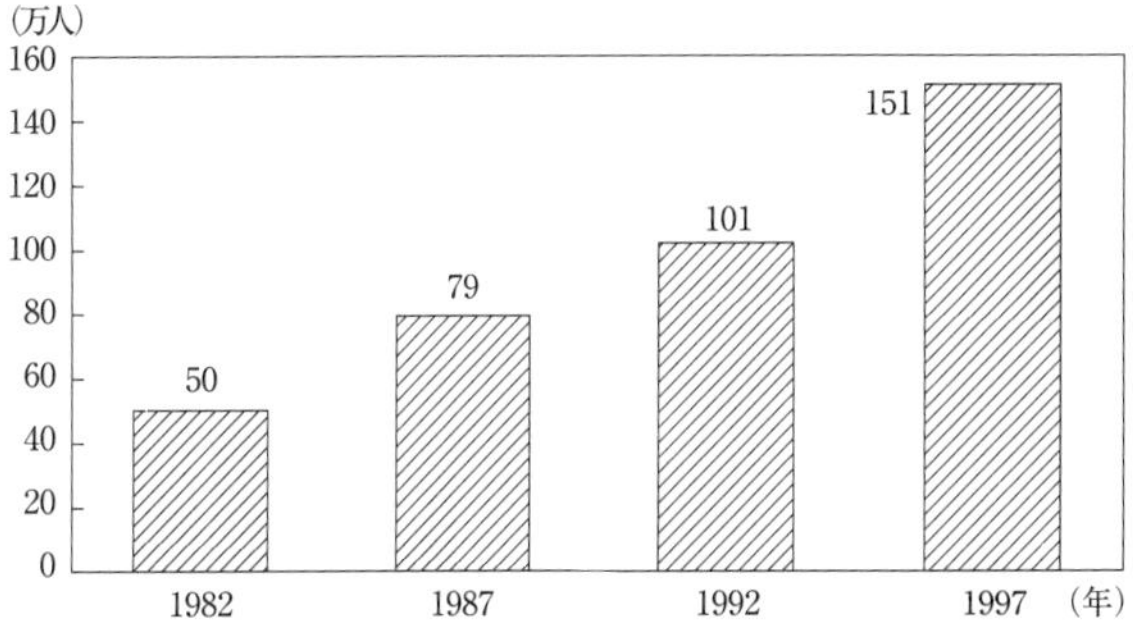

資料：総務庁（現総務省）統計局「就業構造基本調査」を労働省（現厚生労働省）政策調査部で特別集計（『平成12年版労働白書』）。

中高年の自分史ブームや夫婦の自立志向、「自分らしさ」へのこだわり、それに老後は子供たちとの同居より独立した生活か有料老人ホームへの入居を選ぶ人が増えてきたことなども、自律型の浸透を物語っている。

　こうした変化を裏づけるような資料もある。図表3は、生命保険文化センターが一六〜六九歳の男女を対象に行った意識調査の結果を一九八五年と九六年で比較したものである。比較的短期間にもかかわらず、「慣習にとらわれたくない」とか「権利は権利として主張したい」など、「自分志向」を表す七項目のうち五項目で肯定する人の割合が増えている。

　このような生き方を貫こうとすると、当然のことながら従来の閉鎖的な共同体の中で暮らすことは難しい。また職業生活では若年層、すなわち勤続年数が短く移動のコストが低いうえに職場における社会化もあまり行われていない人たちを中心に、組織へ定着しない傾向がでてくる。たとえば就職後短期間で転職したり、最初からフリーターのような比較的自由度の高い働き方を選択する人が急速に増加している（図表4）。

†強まる私生活志向

また、自律性は仕事以外の生活との関係で問題になることが多いため、自律型個人主義は仕事以外の生活、とりわけ家庭や趣味、交際といった私生活を重視する態度へと結びつく。NHK放送文化研究所が五年ごとに行っている調査によると、「余暇志向」派および「仕事・余暇両立」派がほぼ一貫して増加し続け、一九七三年には合わせて五三％だったのが九八年には七二％と全体の四分の三近くにまでなった（図表5）。

総理府（現内閣府）が一九九五年に実施した世論調査でも、「仕事があっても、できるだけ仕事以外のことに使う時間を減らさないようにすべきだ」という回答が四四・七％を占め、「仕事があれば、当然仕事以外に使う時間を減らすべきだ」という回答の四二・八％を上回っている。

しかも、私生活重視といえばこれまでどちらかというとノンエリートの特徴と考えられてきたが、今日ではいわゆるエリート層やその予備軍にまで広がっている。人事院ではキャリア組、すなわち国家公務員I種等で採用した職員を対象に毎年調査を行っており、その中に「仕事と個人の生活との関係についてどのように考えているか」という質問がある。二〇〇一年の調査では、「実際には、仕事を優先することとなるだろう」というやや冷めた態度をとる人が六六・八%と多いものの、「個人の生活を優先する」、「できるだけ個人の生活を優先したい」という人も合わせて二三・六%いることは注目される。逆に、「仕事を優先する」と答えた人は九・一%と一割に満たない。キャリア組といえばかつては無際限無定量に働くのが当たり前と考えられてきたが、調査結果からはそのようなイメージはみえてこない。

図表5　仕事と余暇

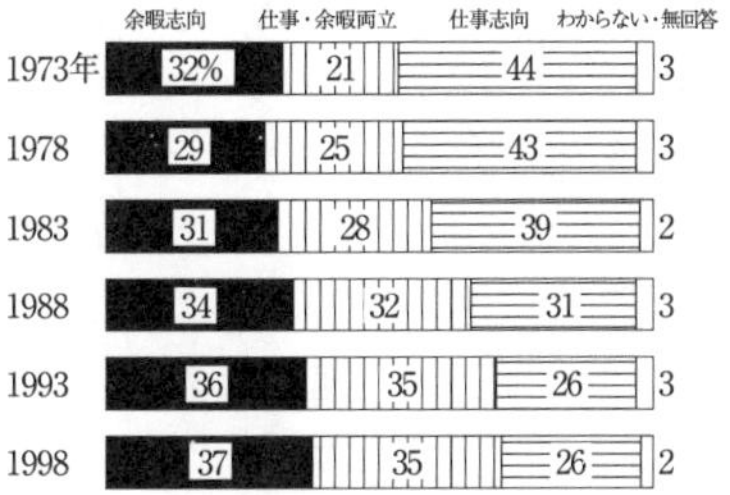

資料：NHK放送文化研究所編『現代日本人の意識構造（第五版）』2000年。

　第一章で述べたように、囲い込みの中ではゼロサム型の競争が行われ、そこでは仕事以外の生活はできる限り切りつめることが求められた。また囲い込みの背景には、「私」より「公」を常に優先すべきだという暗黙の前提があった。そして、成果が厳しく問われないかわりにプロセスつまり態度、意欲、行動が監視されてきた。マイペースで行動し私生活を重視する自律型個人主義は、それと真っ向から対立することになる。

ところで、ここに紹介したような自律型個人主義のエートスは、わが国でも欧米社会の影響を受けた一部の知識人、文化人や作家（たとえば夏目漱石、永井荷風など）の間にみられた。さらにその一部は、職人としての働き方や身の振り方の中にもうかがうことができた。しかし、それが一般大衆に広く受け入れられ生活全体を支配する価値観として共有されることはなかったといえよう。その意味で、職種や階層を問わずこのような価値観、行動様式が広がってきたことは画期的であり、いうならばわが国がいよいよ成熟社会に突入したことの証しかもしれない。

†出世観の変化──昇進競争からプロとしての活躍へ

それでは、もう一方の競争型個人主義は衰退したかといえばそうではない。社会経済生産性本部と日本経済青年協議会が毎年、新入社員を対象に行っている「働くことの意識」調査では、この三〇年間、「人並み以上に働きたい」という回答は概ね四割前後で推移しており、「人並みで十分」という回答とほぼ拮抗している。また、電通総研が一九九九年に実施した調査の結果には、現状と比較して「自由競争社会」や「自己責任に委ねる社会」を目指すべきだという意識が強く表れている。

このように、自律的な生活を送りたいと思っている一方で、競争そのものは真正面から受けとめようという姿勢がうかがえる。そうなると、これから競争はなくなるどころかむしろ激しさを増すことも予想される。そしてそこでは、単なる経済的な利益だけではなく、社会的な地位や能力的な「優秀さ」も競われることに変わりはない。その意味で、良し悪しの評価は分かれようとも出世志向は今なお健在なのである。

ただ、そこには注目すべき変化がある。競争のフィールドが、組織の内から外へと移りつつあるということである。かつては、出世といえば会社の重役や高級官僚のように組織の中で高い地位に就くことを意味していた。より早くより高い地位に就くほど、組織の中ではもちろん外の世界からも能力・業績の優れた人とみられたため、社内では激しい昇進競争が繰り広げられた。

ところが近年、組織のフラット化やスリム化によって目標となるポストそのものが減少し、同僚と競争しながら一つずつステップを上がっていくことが困難になってきた。そもそもポストは、組織を効率的に動かすという機能的な要請に基づいて設置されているものである。そのため、多くの会社や役所では、論功行賞よりも実力主義の原則に沿うように昇進制度の運用を改め、いわゆる役得もなくしていったのである。

そうなると役職のポストは、競争に伴う犠牲と責任の重さに比較して必ずしも魅力的な誘因とはいえなくなり、万人が目指す目標ではなくなってきた。そして、だれもがそれを目指すのでなくなれば、高い地位はもはや能力や業績のシンボルではありえなくなる。その結果、さらに魅力が低下して競争に参入する者が減るという負のスパイラルが形成される。

かわって新たな能力や業績のシンボルとなってきたのが、広い意味でのプロフェッショナルとしての社会的評価である。たとえばコンサルタント、クリエーター、デザイナー、アーチスト、アナリスト、プロデューサーといったいわゆる横文字職業、あるいは起業家や実業家として活躍することこそが成功の証しだという考え方が徐々に浸透してきている。

いくつかの調査結果を紹介しておこう。

野村総合研究所が一九九七年に全国の一五〜六九歳の男女一万三〇〇〇人（回収率七七・三％）を対象に行った調査をみると、就業者の七五％が「自分の能力や専門性を高めることで社会的に認められたい」と回答しており、三〇代以下（女性では二〇代以下）では八五％と圧倒的な比率を占めている。またリクルートが首都圏の大企業ホワイトカラー三〇〇〇人に対して行った調査では、ゼネラリストよりもスペシャリストに近い働き方を理想とする者が多く、その傾向は若い年齢層ほど顕著である（図表6）。

図表6　理想の働き方

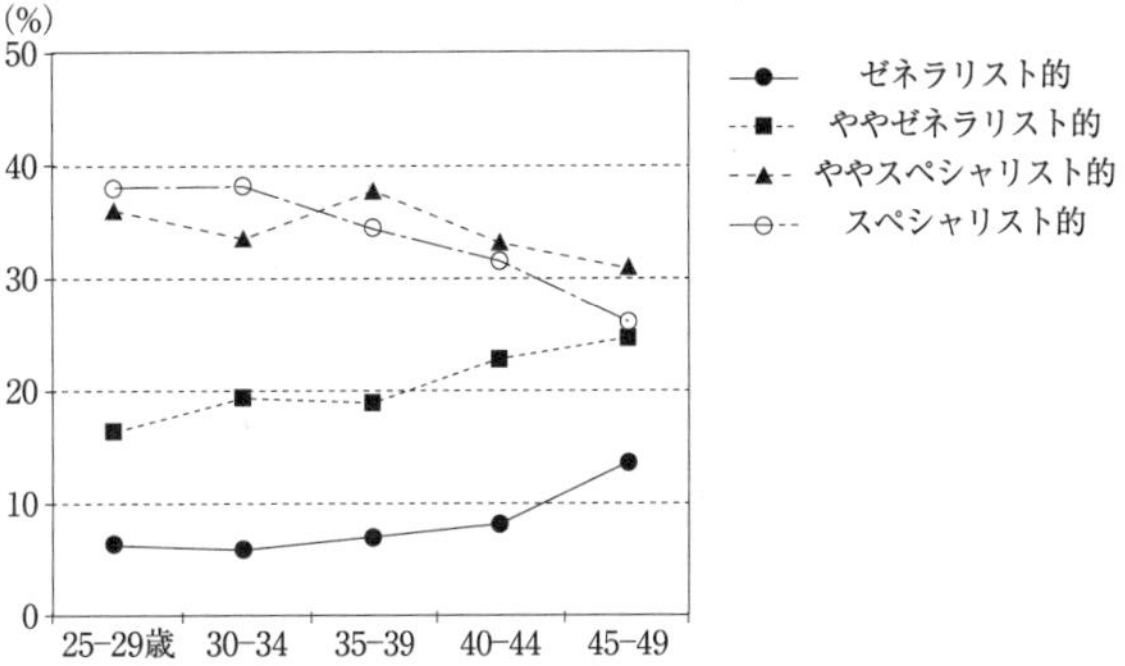

注：(1) 調査には、複数の質問項目が用いられている。
(2) 無回答は除く。
資料：リクルート「ワークスタイル調査 1995」をもとに作成。

とくに近年は、大学生の間でも能力が高く意欲的な者が、大企業への就職よりもプロフェッショナルや起業家としての道を選び、個人の実力で勝負しようとする傾向がみられる。さらにその裾野《すその》は中高生にまで広がっている。JTBモチベーションズが全国の中高生に対して二〇〇一年にインターネットで行った調査によると、将来してみたい仕事として上位にあがったのは「音楽関係」(三一・六%)、「コンピュータ関係」(三〇・〇%)、「芸能関係」(二三・三%)などであり、組織人型出世の象徴である「会社経営者」は二・八%とわずかである(複数回答)。

出世を文字どおり「世に出ること」と解釈すれば、こうした出世観の変化はむしろ本来の姿に近づくものといえるかもしれない。

†トレードオフからシナジーへ

このような出世観の変化は、個人主義化の潮流を占ううえで大きな意味をもっている。

伝統的な出世観のもとでは、昇進競争を勝ち抜くため組織に対して常に全力で貢献し続けることが必要である。そのため出世を目指す以上、自分の好きな仕事を続けること、マイペースで働くこと、それにプライベートな生活を楽しむことなどは諦めなければならなかった。すなわち、競争型個人主義と自律型個人主義はトレードオフ（二律背反）の関係にあったのである。かりに能力があっても、バランスのとれた生活を送ろうとする人の中には最初から出世競争に加わらない人が少なくなかった。

しかし新しいタイプの出世、すなわち広義のプロフェッショナルとして社会的に成功するうえでは、能力や資質、そして努力の量よりも質が決定的に重要である。しかも、どれだけ働いたかということより仕事の客観的な成果が問われる。実力があり、また工夫次第では必ずしも常に全力を投入する必要はないのである。

したがって、二つの個人主義の間に存在したトレードオフは希薄になる。それどころか、場合によっては両方が相乗的に作用して新しい価値を生む可能性もある。たとえば、デザイナー、コピーライター、クリエーターなどに代表されるような独創的・創造的な仕事では、個性が付加価値を生み成功の条件になることも珍しくない。大量生産システムや定型的な業務では排除の対象であった個性が、一転して価値の源泉として注目されるようになるのである。少なくとも、マイペースの生活をとるか出世をとるかという二者択一を迫られることがなくなったため、有能でありかつバランスを重視する人が大量に競争へと参入してくる。

とくに若者の場合、私生活での誘惑が多いため仕事に専念することはなかなか難しい。したがって、必ずしも禁欲的な生活を送らなくてもよいというのは大きな魅力である。また、組織内では少なくとも四〇代か五〇代、すなわち職業生活の後半にならないと陽の当たる地位には就けないのが普通であり、長年の下積みが必要とされた。それに対してプロフェッショナルや起業家の場合、なかには二〇代で時代の寵児として活躍している例もある。それだけ若者を燃えさせる条件がそろっているといえよう。

しかも伝統的な組織の中での競争と違って、社会的な競争は必ずしもゼロサム、すなわち自分が出世するためには誰かを引きずり下ろさなければならないといった関係にはない。そのため組織内の出世競争につきまとう対人的なストレス、さらには出世という言葉に付随するマイナスイメージも払拭される。このことは、功なり名を遂げたスポーツ選手や芸術家などに対する社会の評価をみれば明らかである。

このように、二種類の個人主義のベクトルが一致し、新しい次元で競争が繰り広げられるようになると、個人主義の発露を抑制していた一種の閉塞感が取り払われ、それは大きな潮流となる。先に触れたように、それは必ずしも欧米の伝統的な個人主義への接近を意味するものではないが、既存の組織や社会を揺り動かすインパクトをもっていることは間違いなかろう。

第一章の最後に、わが国で囲い込みが広範にかつ容易に行われてきた背景に「個人尊重」の精神の欠落、言い換えれば個人主義の未発達があることを指摘した。常識的に考えるならば、個人主義化は囲い込みの崩壊とパラレルに進行するのが自然である。しかし現実には、システムの変化よりも個人の意識や価値観の方が先行していることに注目したい。たとえば、企業組織を対象にした山口・七井（前掲）や私（『日本企業と個人』）の研究では、日本の労働者の個人主義化やつぎに紹介するようなワークスタイルの変化に、組織が適応しきれていない現実が明らかにされている。そのことが、次章で述べるようにさまざまな矛盾を引き起こす大きな原因になっているのである。

2　ワークスタイルの変化

†IT化のインパクト

変わったのは個人の意識だけではない。人々の仕事や生活様式も大きく変化してきている。仕事の変化の中でとくに注目すべきなのは、IT（情報通信技術）をはじめとするソフト化、情報化の直接的・間接的な影響である。

一般にハードウェアの世界では、規模の経済性が働きやすい。できるだけたくさんまとめて作った方が、単位あたりのコストは低くなる。したがって大規模な組織の中で人々が文字どおり一体となって働くことが効率的である。またモノづくり、とりわけ少品種大量生産の過程では、突出した能力よりも均質な能力と一糸乱れぬ規律のとれた働き方が要求される。したがって、同じような知識や技術を備えた人材を大量に採用し、一つの会社の中で画一的に管理・処遇していくという伝統的な雇用システムは有効だった。また、仕事に投入した時間やエネルギーと成果とは概ね比例するため、厳格な勤務時間の管理や兼業禁止規定にもそれなりに合理的な根拠があった。

ところが、このようにして行われてきた仕事の多くは、ITなどの普及により機械や情報システムにとって代わられるようになった。そして人間に残されたのはソフトウェア関連、とりわけ新しいアイデアを創出したり問題を解決するような仕事である。なおその点では、単に既存の知識を応用する狭い意味での知識労働とも違う。あくまでも重要なのは、パターン化できない人間特有の能力を用いた仕事なのである。

このような新しい価値を創造する仕事では、規模の経済性が働きにくい。いくら人数を集めても生産性があがるわけではない。創造の一つの源泉は異質性である。したがって、マネジメントの面では異質な人材を活用することや、異質な情報に触れさせることが重要になる。また、仕事の成果は投入した時間やエネルギーに比例しないため、勤務時間や兼業の規制は必ずしも意味がない。それればかりか、複数の仕事に携わり多様な情報を得ることによってシナジー効果が生まれ仕事にプラスになることも多い。

そもそも創造的な仕事は、基本的に管理になじまないというところに特徴がある。なぜなら、新しいアイデアや知識のコア部分は人の頭の中で、しかも自発的な精神作用によって生まれるものだからである。したがって仕事のプロセスを直接管理するのではなく、仕事の成果をとおして間接的に管理することが必要になる。

もう一つの特徴的な点は、創造的な仕事では個人の能力格差が増幅された形で成果に反映されることである。極端な例として、ゲームソフトやデザインの仕事があげられる。ゲームクリエーターやデザイナーの中にはヒット商品をとおして会社に莫大な利益をもたらす人がいる一方、頑張って仕事をしていてもほとんど会社に貢献できない人もいる。

それにもかかわらず、これまでのように報酬にあまり格差がつかないのであれば、高い実力を備えた人はほかの会社に移るか独立の道を選ぶだろう。実力のある人材を会社に引きつけ、貢献を引き出すためには、組織の中のバランスや序列よりも客観的な貢献度や市場価値を反映するような処遇制度に切り替えざるをえないのである。

†仕事の個人化

ソフト化や情報化は仕事の環境も大きく変える。とくに、ＩＴをはじめとする技術革新によって周辺業務が効率化されたため、ある程度まとまった仕事を個人で処理することが可能になった点は見逃せない。連合総合生活開発研究所が組合員を対象として一九九七年に実施した調査では、「チームではなく一人ひとりが独立してする仕事」が過去五年間に増えたという回答が三九・四％を占めるのに対し、減ったという回答はわずか二・七％にすぎない。

従来は数人のグループやチームで処理するのが当然と考えられてきた業務も、単独でこなすことが不可能ではなくなったのである。実際にさまざまな職場で、いわゆる「一人仕事」が登場してきた。ある証券会社では、所長が一人のアシスタントを使いながら株式の販売注文や投資の注文などを処理する「一人店舗」を設置した。また、調査やコンサルティングなどを行うシンクタンクの中には、従来は数人のチームで行っていたプロジェクトを原則として個人に任せるようにしたところがある。ちなみに、中部産業・労働政策研究会が一九九五年に実施した調査によると、非管理職の高資格スタッフのうち約三割が自己完結的な仕事に携わっている。

もっとも一人仕事は、ITなどで業務を効率化しやすいホワイトカラー、とりわけ知識労働には導入できても、分業が必要な生産現場には適さないとみられてきた。ところが、電機製品の組立作業などでは、従来の分業化された流れ作業に代えて、一人で丸ごと製品を組み立てる「一人生産」方式を取り入れる事業所が現れてきた。とくに、消費者の好みが多様化して仕様の異なる製品を生産する場合には、熟練労働者による一人生産方式の方がむしろ効率的だといわれる。

さらに、情報・ソフト関係の仕事で少しずつ導入が進んでいるテレワークやSOHO(small office, home office)も、「仕事の個人化」を象徴するものといえる。

もちろん、すべての仕事が個人単独で行えるようになるわけではなく、仕事の規模が大きくなるほど人々の協働が必要とされる。しかしその場合でも、従来のように同種の知識や技術を備えた人が一緒になって仕事を処理するという労働集約型ではなく、それぞれの分野の専門家がチームを組んで仕事をするというプロジェクトチーム型が一般的になってくるだろう。

　このような「仕事の個人化」の推進力となっているのは、技術的な条件ばかりではない。企業にとっては、人件費や設備費など直接的なコスト削減につながるだけでなく、成果がストレートに報酬へと反映されるため従業員のモチベーション向上にも有効なことが、導入に弾みをつけている。興味深いのは、技術的にみて多少効率性に欠けるような場合でも、個人化によって成果が向上したという事例が多いことである。自分のペースで仕事ができ、しかも成果が有形無形の報酬として直接自分に返ってくることが想像以上のモチベーションを生み、ある程度の無理や無駄を補って余りあるパフォーマンスをもたらしたということのようである。

　いずれにしても、これまで日本人固有の特性と考えられてきた集団主義的な志向や行動様式が、実は社会的、経済的、技術的な条件のうえに形作られたものであり、それらの条件が変化すれば、個人の志向や行動様式もそれに適合する方向へと変化することを示している。

†組織人から仕事人《しごとじん》へ

　このように仕事や働き方が変われば、個人の職業生活に対するスタンスも徐々に変化してくる。

　伝統的な日本の会社が想定してきた従業員像は、所属組織に一体化し、その中で目標を追求しながらキャリアを形成する「組織人」だった（第一章）。ところが、先に述べたような人々の個人主義化、そしてそれと符合するようなソフト化・情報化によって、人々の組織や仕事に対する関わり方、職業生活の歩み方も変わってきた。

　とくに注目されるのは、所属組織よりも自分の仕事に対して一体化し、仕事を軸にキャリアを形成しようとする「仕事人《しごとじん》」の台頭である。それは各種の意識調査や統計にも表れている。

　先に引用した社会経済生産性本部と日本経済青年協議会の調査では、新入社員が会社を選ぶとき最も重視した要因として、「会社の将来性を考えて」が一九七一年の二七％から二〇〇一年には九％へと減少する一方、「自分の能力・個性が生かせるから」、「技術が覚えられるから」は、その間にそれぞれ一九％から三一％、七％から一七％へと大幅に増加している。こうした傾向はもちろん新入社員に特有のものではない。NHK放送文化研究所の調査をみると、理想の仕事の条件として「専門知識や特技が活かせる仕事」を一番目・二番目にあげる人は一九七三年の二六％から徐々に増加し、九三年には三一％になっている。

また私が一九九四年に、全国の主要企業で働く非管理職のホワイトカラーを対象に行った調査によると、研究職、情報処理技術者といった技術系の専門職はもちろん、事務系でも営業・マーケティング、財務・経理といった比較的専門性の高い職種では「組織人」よりも「仕事人」に近い態度や行動パターンがみられた。彼らは、たとえば「自分の職種を重視する」、「仕事をするうえでの自由・独立を重視する」といった傾向が強い。一方、総務・庶務などの一般事務職には「会社から求められれば仕事の種類には執着しない」とか、「現在の会社での勤務を最優先する」といった「組織人」的な特徴が強く表れている（拙著『日本企業と個人』）。当然、管理職に就いている人も「組織人」的な特徴が強いと考えて間違いがなかろう。

そこでつぎに、これらの職種に属する人の比率がどのように推移しているかをみておこう。図表7は、一九七〇年から二〇〇〇年までの三〇年間における、職業別雇用者数（比率）の推移を示したものである。

管理的職業に従事する人の比率は一貫して低下しているのに対し、専門的・技術的職業に従事する人の比率は全職業分類の中で最も顕著な伸びを示し、二〇〇〇年には一四%にまで達した。そしてすでにみたように、ここでは事務、販売、サービスなどに分類されている人の中にも、専門職的な職種を中心に「仕事人」が多く存在することを考慮すれば、

図表7　職業別雇用者数の推移

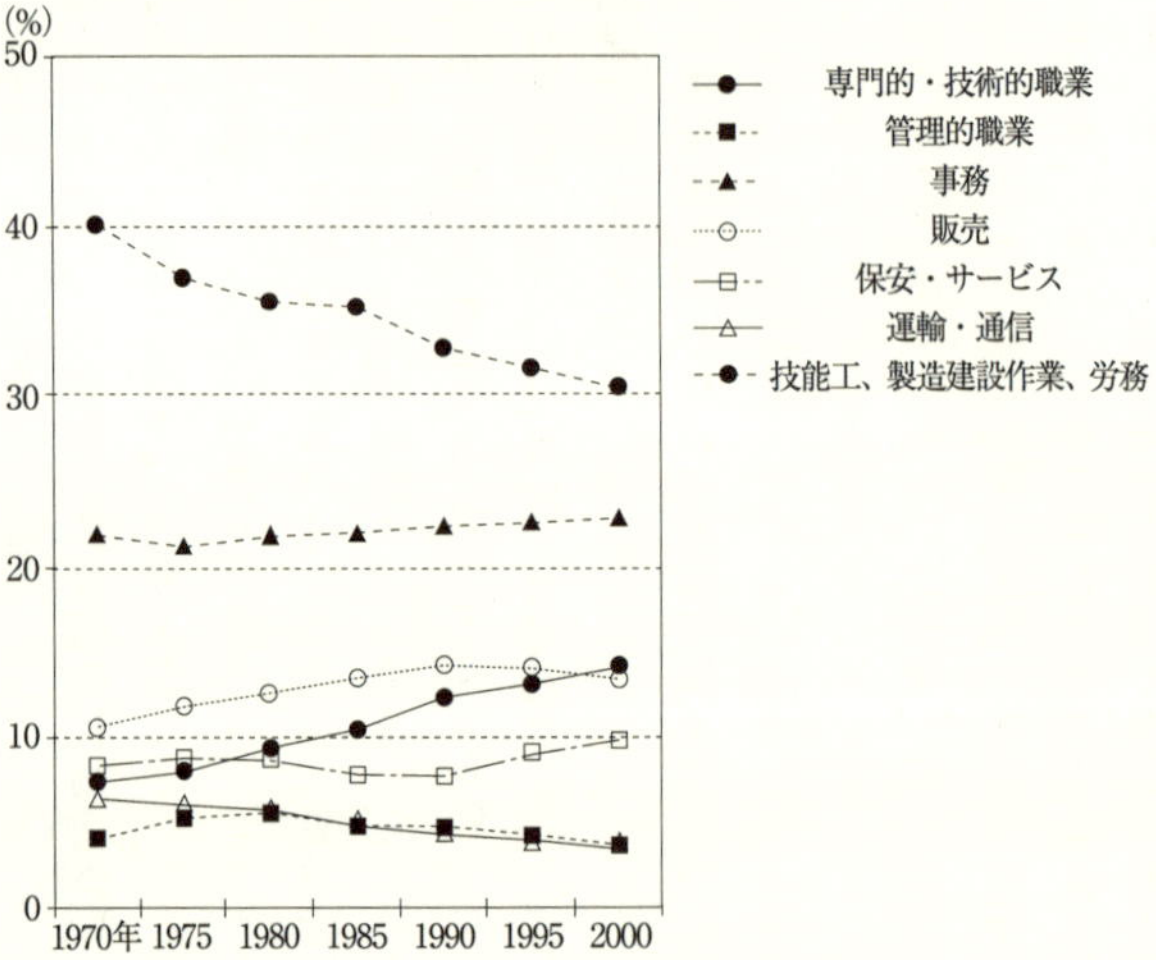

注：（1）農林漁業作業者、採掘作業者、および分類不能のものを除く。
（2）途中に分類上の変更があったため、正確な比較には注意が必要である。
資料：総務省「労働力調査」をもとに作成。

「仕事人」はもはやマイナーな存在とはいえない。

IT化やグローバル化は、これからもさらに進むことが確実である。一方、企業は以前のように将来にわたって社員の雇用を保障し、高額の報酬やポストといった魅力的な誘因を提供することができなくなっている。したがって組織に身を預けるよりも、「仕事人」として実力を高め、仕事をとおして職業生活の将来を切り開いていこうとする人が今後いっそう増加し続けると予想される。

†組織の枠を超えて活動

「仕事人」の大きな特徴は、一種のユニバーサリズム（普遍主義）にある。「組織人」が原則として一つの組織の中で職業生活を完結するのに対し、「仕事人」が活動するフィールドは特定組織の内部に限定されず、組織の枠を超えてキャリアを形成していく。たとえば、同じように実務をとおして能力を高めるにしても、「組織人」の場合には一つの会社に特化した知識や技術を習得するのに対し、「仕事人」は会社を移ることによって、より汎用性のある知識、技術、問題解決能力などを身につけていく傾向がある。そして彼らは、それぞれの分野の専門家同士でネットワークをつくり、情報交換したり社会的影響力を行使することが少なくない。

一方、彼らの組織に対する関わり方は、いわば限定的、手段的である。彼らは、組織に属してはいても市場や顧客の方を強く意識して行動する。そして、自分の能力を伸長・発揮するのにより有利な働き方、より条件のよい職場を求める。したがって必ずしも正社員にはこだわらないし、場合によっては転職することもいとわない。

近年、契約社員、派遣、業務委託など正社員以外の形態で働く人の割合が増え続けている。たとえば総務省の調査（二〇〇一年二月実施）によると、「正規の職員・従業員」の占

図表8　過去1年間に転職した人の比率

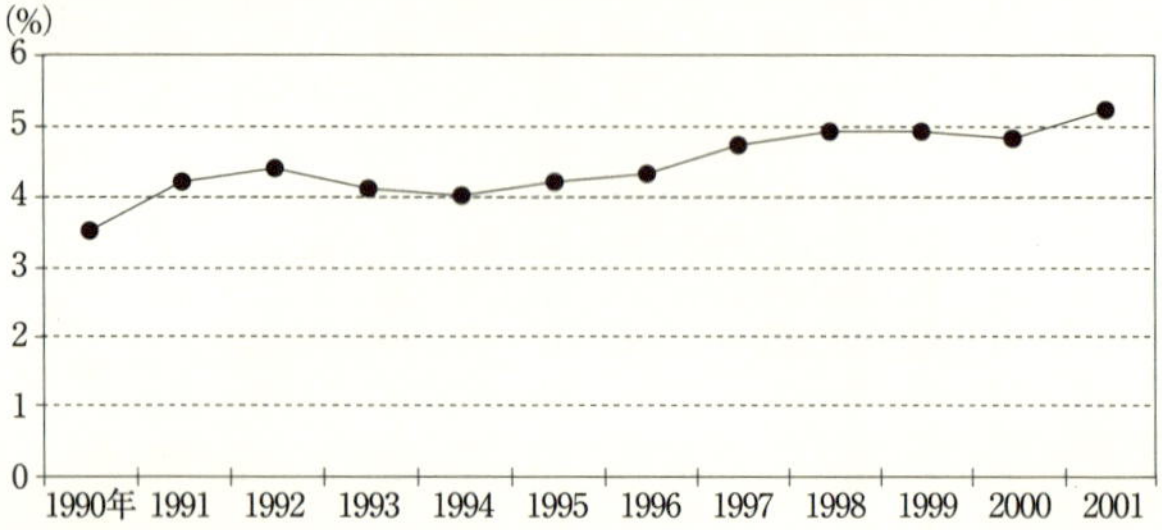

資料：総務省「労働力調査特別調査」をもとに作成。

める比率は七二・八％と四分の三を切っている。また、転職者の比率も徐々に高くなってきている（図表8）。このような就業形態の多様化、労働市場の流動化と「仕事人」の増加は無関係ではないと考えられる。

先に取りあげた自律型個人主義を体現しているともいえる「仕事人」は、文字どおり自律的な職業生活を志向する。組織によって厳しく管理されたり、組織の都合で振り回されてはかなわないという意識が強い。そのため、組織とは一定の距離をおいた「つかず離れず」の関係を保とうとする。また、「出世」の場が組織の外に開かれてくると、閉ざされた組織の中での評価には依存しなくなる。したがって、従来のように個人を囲い込んで庇護する組織の役割はあまり必要がなくなるばかりか、場合によってはそれが活動の制約になることもある。これまでとはまったく違ったタイプの組織が必要になってくるのである。

3　多様化する生活と組織への関わり方

†女性の職場進出と地域活動

伝統的な働き方の変化にさらなる拍車をかけているのが女性の職場進出である。一九八五年に制定され、九七年に改正（九九年施行）された男女雇用機会均等法によって、少なくとも形式的には女性が男性と対等に働くための環境が整ってきた。

ところが意識調査の結果をみると、女性は必ずしも男性と同じような働き方を望んでいないことがわかる。たとえば日本労働研究機構が一九九八年に実施した調査によると、男性に比べ「昇進などで同期に後れをとりたくない」と思っている人が少なく、逆に「能力が発揮できる機会があれば昇進にこだわらない」という人が多い。また、生命保険文化センターが一九九六年に行った調査では、「仕事のためには、家庭生活が犠牲になることもやむをえない」と答える人はあらゆる年齢層で女性が男性を下回っている。

このような男女間の意識差は、従来の職場社会で女性が男性に比べて不利な扱いを受けてきたことや、家事・育児その他職場外での生活の負担が大きいため、仕事に専念するのが難しいという実情を反映しているとの見方ができる。しかし同時に、男性が中心になってつくりあげてきたこれまでの風土や価値基準を受け入れることに、女性自身が抵抗を示しているという解釈もなりたつ（なお当然のことながら、それをもって男性と同等の機会を与えなくてもよいという理屈にはならない）。

周知のように、従来の企業社会において中枢を担うのは男性正社員だった。閉鎖系の中でゼロサム型の競争を繰り広げるという「組織人」の生態そのものが「男性的」であり、女性は会社共同体の「囲い」の外に置かれてきたわけである。そこへ均等法の後押しを受けて女性が参入し、従来の「組織人」とは違う価値観や基準で行動するようになると、「囲い」そのものを維持することが難しくなる。

女性の職場進出は、職場だけでなく地域社会との関わり方にもまた変化をもたらす。これまで自治会、子供会、PTAなどの活動を実戦部隊として支えてきたのは主に女性、とりわけ専業主婦である。職場という帰属集団をもたない彼女らの中には、地域や学校の組織に属しそこで活動することを生きがいとしている人も少なくない。最初は役員を引き受けることをためらったりしり込みしていても、やがていきいきと活動するようになり、任期が終わる頃には空虚感や寂寥感を味わうというのがむしろ普通のパターンである。

しかし、家庭をもちながら働く場合には、何よりも時間的な面で参加が制約される。平日の昼間に開かれる会合や行事には参加できないし、週末や夜は短くなった貴重なプライベートの時間であり、活動のためにそれを割くことは難しい。したがって働く女性が増えてくるとこれらの組織も、生きがいや楽しみの場でもあるという一種の基礎集団（共同体）としてではなく機能集団に純化し、特定の目的を効率的に追求するように制度や運営方法を変えていかざるをえなくなる。生きがいや親睦のための集団は別につくればよいのである。

†生活圏の広がりとトレードオフ

女性に限らず、人々の生活は大きく変わってきている。その一つが、生活圏の広がりと流動化である。たとえば、国内の通勤通学移動者は一九六〇年の二七九二万人（移動率四二・四％）から一九九五年には六三四八万人（同六〇・二％）に増え、移動範囲も市町村外が三三・一％から四八・四％へと広がっている（図表9）。

また、会社では転勤の範囲が拡大し単身赴任する人も多い。さらに、核家族化で子と親、祖父母などが離れた地域で暮らすのがごく当たり前になり、老親の介護などで頻繁に移動するケースが増えている。仕事やレジャーの関係で複数の生活拠点をもつ人も珍しくない。物理的な近接性と、生活面でのつながりの強さとがますます一致しなくなってきたのであ

図表9　従業・通学地別通勤通学移動者割合

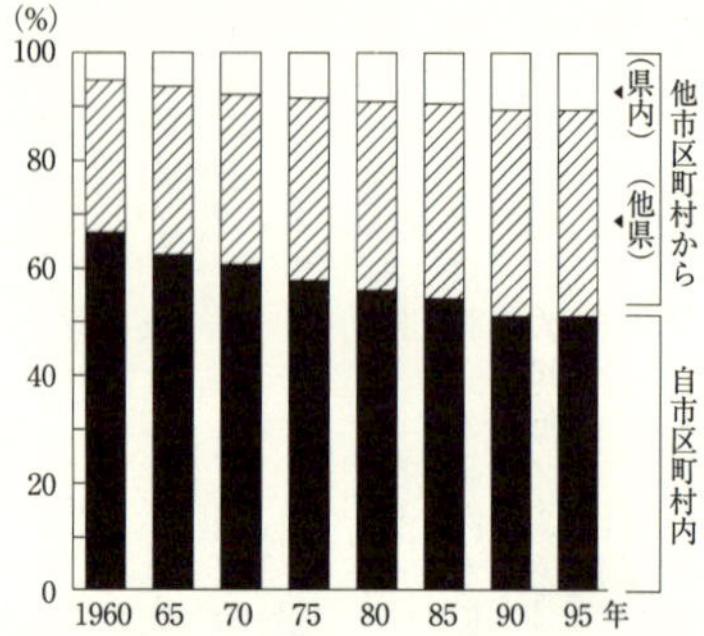

資料：総務庁（現総務省）「国勢調査報告」（日本統計協会編『統計でみる日本2001』）。

る。なにしろ隣の人とは口を利いたことがなくても、地球の裏側に住む肉親や友人とは毎日連絡を取り合うような時代である。

個人の意識や活動範囲が組織の壁を越えて広がり、流動化してくると、特定の地域への愛着や住民の一体感は薄くなるばかりか、さまざまな行事に参加することも難しくなる。そして、所属する組織を選択したり複数の組織に対して限定的に関わろうとするのが普通になる。ところが一方には、地域社会の中の人間関係を密にして一体感を高めるべきだという声がある。

地域に限らず、会社、部門、クラスなどの中間組織でも同じことだが、内部の関係を密にすればするほど外部と疎遠になることは避けられない。このような関係を高田保馬は、「結合等量の法則」と呼んだ。だれでも自分の時間、資金、肉体的・精神的エネルギーは限られているためであり、組織内外のトレードオフから抜け出すことはできないのである。

「地域に帰れ」というかけ声のもとに地域で濃密な人間関係の回復を図ったり、分権によって小規模な組織への一体化を強めようとすることは、このように現実の要請にむしろ逆らう結果になるのである。なかには、「グローバルな時代だからこそ逆に心のよりどころとしてローカルな場所が重要だ」と主張する人もいるが、組織への所属・参加が半ば強制されたものであるならば、とても心のよりどころになるとは思えない。むしろ同じローカルでも、多くの人が望んでいる「家族生活の充実」の方に目を向けるべきではなかろうか。

†多様化する生活パターン

人々の生活圏が広がると同時に、生活そのものも多様化している。かつての農村や漁村などでは地域住民の生活は類似していたが、都市化と流動化によってだんだんと多様になり、さまざまな局面で利害が対立するようになってきた。

たとえば、一つの町内に住んでいても職業や生活パターンはさまざまである。家族のいる世帯と単身世帯、土地をもつ旧住民とアパート暮らしの新住民、サラリーマンと自由業・自営業が混住し、土日に働く人もいれば夜勤の人もいる。それらの人々が共通の目的意識をもって、一緒に参加できるような行事はごく限られている。PTAや婦人会、老人会などに参加している人たちも、背後にある家庭環境、職業、思想・信条は多様である。

もちろん職場の中でも多様化は進んでいる。伝統的な会社では、終身雇用の正社員ばかりが一緒に働いていたが、新しい会社の中にはさまざまな身分、就業形態の人が混在していることは珍しくない。しかも能力主義や成果主義が進んで、従業員同士の利害の共通性は小さくなってきた。また、たまたま現在は一緒に仕事をしていても、将来の目標やビジョンは千差万別という場合もある。

子供の世界でも事情は同じである。文部省（現文部科学省）の調査によると、全国の小中学生のうち学習塾に通っている者の比率は一九九三年現在、小学生が二三・六％、中学生が五九・五％で、八五年に比べてそれぞれ七・一ポイント、一五・〇ポイント増えている。また、各種スポーツや音楽などの「けいこごと」を習っている者は小学生が七六・九％、中学生が二八・三％で、これも八五年に比べて増加している。学校以外の組織に属することはむしろ一般的になり、それだけ学校への関わり方が希薄になっていることを意味する。

†かわる「個人尊重」の中身

このように組織内部の同質性や利害の共通性が薄れ、それぞれの組織が部分的にしかコミットできない多様な人々を抱えるようになると、従来のような囲い込みは受け入れられなくなってくる。今後グローバル化が進み、生活圏がさらに広がるとともに、いろいろな国籍、民族、宗教の人が一緒に働いたり生活するようになれば、囲い込みの問題点がいっそう浮き彫りになるに違いない。

組織としては、これまでとは違った個人への関わり方が求められるのである。たとえば、近年いろいろな組織の中で目標として掲げられるようになった「個人尊重」というテーマについても、何が個人尊重かということを考え直してみる必要がある。

わが国では会社や役所にしても、また学校や地域にしても、組織が個人の全人格、全生活をケアすることが個人を尊重することだという意識が根強く残っている。たとえば、上司が部下の生活に目を光らせたり、教師が生徒の家庭環境や経歴を調べるのは当り前と考えられている。実際、部下に無理な要求をするかわりに私的な相談にも乗るという人情課長や、生徒のプライバシーを省みず奮闘する熱血教師がいまだにヒーロー扱いされることは珍しくない。したがって、たとえばボランティアの活動歴を内申書に記述したり人事考課に反映させることが、間接的に学校や職場の外における行動に干渉することだというような認識が薄いのは当然ともいえよう。

しかし、個人主義化やライフスタイルの変化によって、そのような関わり方はむしろ個人の人格や自律性を脅かし深刻な問題を引き起こす危険性が高くなった。したがってこれからは、会社は仕事、学校は教育、自治会は純然たる地域活動というように、それぞれの組織が固有の機能に特化し、それに必要な範囲でメンバーに関わっていかざるをえない。「個人の全人格、全生活を尊重しようとする以上、特定の組織が関与できる部分は限られてくる」という、新しい個人尊重の考え方が必要になるのである。

4 組織の遠心化

†日本的経営への不満

すでに述べたように、個人主義化とライフスタイルの変化に伴って、人々は組織との間に限定的な関係を求めるようになる。しかし、先に紹介した山口・七井や私(『日本企業と個人』)の研究では、会社側がそのような個人の変化に十分対応できていないことが明らかになっている。

新しい個人と、相変わらずメンバーを囲い込もうとする組織との間にさまざまな問題が発生する。その一つが、組織あるいはその活動に対する不満やアパシー(無関心)である。

日本の労働者は、有給休暇を半分程度しか消化せず、欧米に比べて低い割増賃金さえまともに支払われていないにもかかわらず長時間働き続けてきた。また欠勤率や離職率も欧米に比べるとはるかに低い。それは彼らが職場や仕事に満足しているからであり、帰属意識も高いためだと信じられてきた。

個々の会社もまた、社員の忠誠心や帰属意識を疑わなかった。ところが、合理化のために希望退職を募集したら基幹人材を含め予想以上の応募者が殺到するという事態が続出し、会社側をあわてさせた。世間が、また会社が思っているほど日本の労働者の満足度も帰属意識も高くはないのである。各種の調査をみても、これまでの「常識」がもはや事実とはいえなくなっていることがわかる。

たとえば、総務庁（現総務省）が発表した「第六回世界青年意識調査」の結果によると、日本の青年の職場生活に対する満足度は、調査対象となった一一カ国の中でロシアに次いで二番目に低い（図表10）。また、第五回の調査では職場への定着意識についても比較しているが、ここでも、今の職場で勤務を「続けたい」という回答は一一カ国中最低である。逆に、「続けることになろう」という受動的な勤続意志を表す回答は最高である（図表11）。

なお、これは必ずしも若年者特有の傾向ではなく、他の年齢層を対象にした調査でも傾向は概ね類似している。すなわち、日本人の職場に対する満足度は国際的にみても低い水準にあり、帰属意識も受け身のいわば運命的なものといってよい。そして、当然のことな

図表10　職場生活への満足度

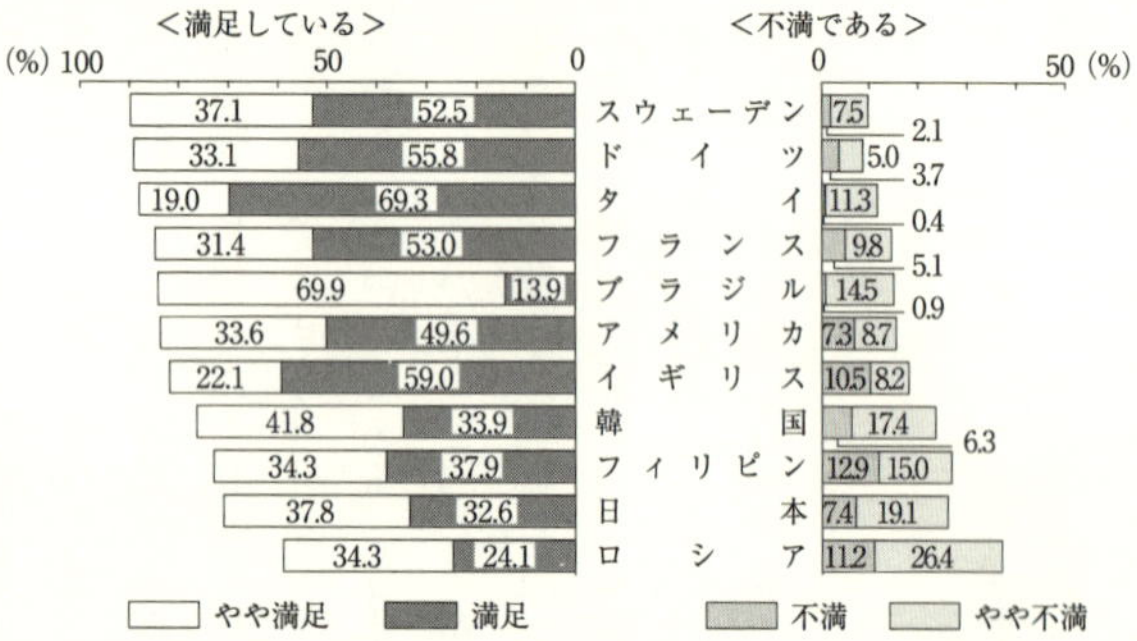

注：18歳から24歳までの男女を対象に、各国とも原則として1000サンプルを回収。
資料：総務庁（現総務省）青少年対策本部「第６回 世界青年意識調査」（1998年）

図表11　職場への定着意識

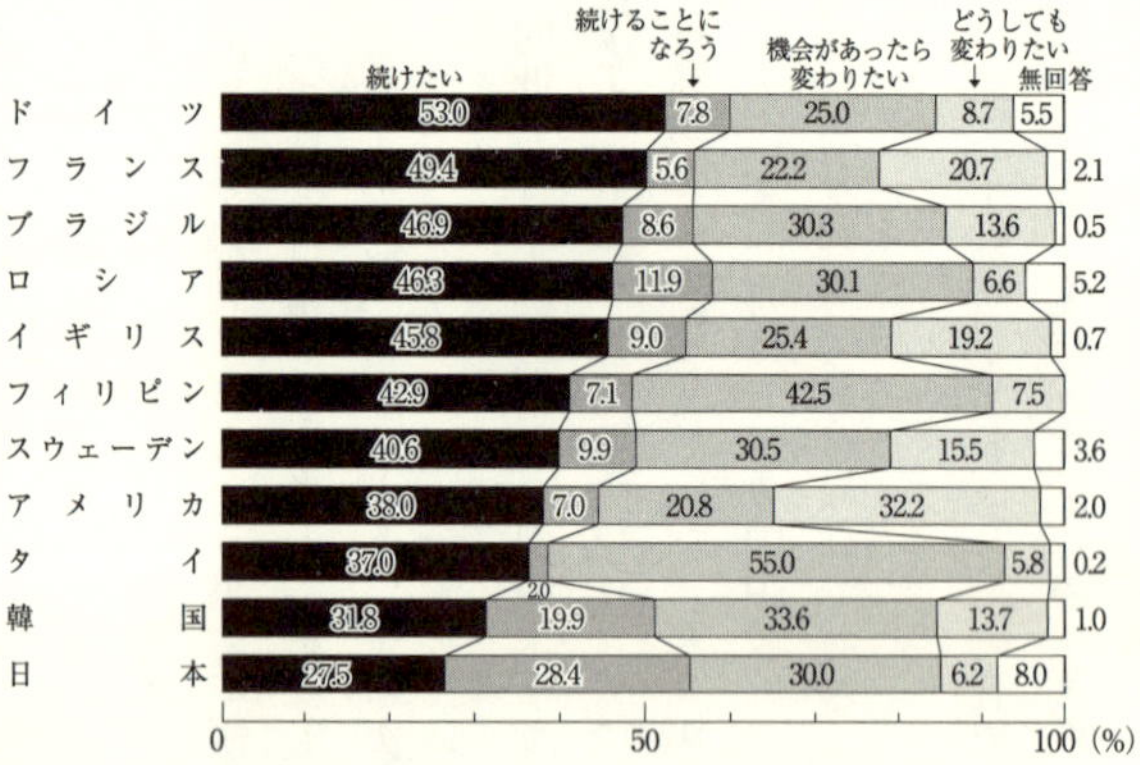

資料：総務庁（現総務省）青少年対策本部「第５回 世界青年意識調査」（1993年）

がら、このように不満を抱く者が内部に滞留している組織から、本当の活力は生まれるはずがない。わが国の労働生産性が他の先進国と比べて低い水準（社会経済生産性本部の調査では一九九八年時点で主要七ヵ国中最低）にあることや、独創的・創造的な成果が生まれにくいことの一因がそこにあるのかもしれない。

こうした満足度や帰属意識の低さの背景に、日本的な組織やマネジメントがあることを示唆するデータがある。労働省（現厚生労働省）が三菱総合研究所に委託して行った「豊かな勤労者生活を実現するための基礎的条件に関する調査研究」（一九九四年実施）では、マネジメントのスタイルによって企業を三つのグループに分類し、従業員の満足度を比較している。それをみると、わが国の大企業で一般的な「伝統的人的資源管理」企業では、専門的な人材育成や徹底した能力主義、業績主義を特徴とする企業に比べて、処遇、仕事のやりがい、人間関係、公平性、労働時間の全項目で満足度が低いという結果がでている。

また、統計数理研究所が五年ごとに実施している「国民性調査」では、対照的な二つの上司像や会社像を示して選択させている。ここでは、最も新しい一九九八年と二〇年前の七八年の回答を比較してみよう。まず、規則を曲げてまで無理な仕事をさせることはないが仕事以外のことでは人の面倒をみない課長と、時には規則を曲げて無理な仕事をさせることもあるが仕事のこと以外でも人の面倒をみる課長のうち、どちらに使われる方がよいかという質問では、「面倒をみない」が六ポイント増加し、「面倒をみる」は七ポイント減少している。

同じく、給料は多いがレクリエーションのための運動会や旅行などはしない会社と、給料はいくらか少ないが運動会や旅行などをして家族的な雰囲気のある会社のうち、どちらに勤めたいかという質問に対しては、「給料が多い会社」が一六ポイント増加し、「家族的な雰囲気のある会社」は一六ポイント減少している。

こうしてみると、わが国の労働者は近年、勤勉にみえる行動とは裏腹に組織やマネジメントにはかなりの不満を抱いており、その大きな原因が共同体的な社員の囲い込みにあるのではないかと想像される。

†広がる組織離れ

そこで、実際に個人がそのような共同体の軛《くびき》から逃れようとすれば、最も手っ取り早いのが組織からの離脱、すなわち脱サラして自営業やフリーランサーになることである。それが可能な職種、たとえばデザイナー、コピーライター、編集者、記者、コンサルタントといった知的職業では、独立して複数の会社と契約しながら仕事をするといったケースが徐々に目立つようになってきた。一方、起業家の中にもあえて組織化し規模を大きくすることを選ばず、身軽な「一人ベンチャー」の形をとり続ける人が少なくない。

また、会社の中でも前述した一人仕事やテレワーク、在宅勤務のように独立性の高い就業形態を選ぶ人が増えたといわれる。しかも彼らの多くは単なる「のんびり志向」ではなく、組織に縛られず能力を最大限に発揮しようという積極的な「仕事人」である。そこからは、既存の組織が新しい仕事や彼らのニーズといかに大きなミスマッチを起こしているかがうかがえる。

既存の組織との間に距離をおこうとする傾向は、会社以外でも進んでいる。その一つが労働組合である。労使関係の枠組みの中で考えるならば、会社への不満や反発が高まれば対抗組織である労働組合への一体化は強くなるはずである。しかし、実際にはそうではなく、むしろ会社との間に距離をおこうとする傾向と同じように、組合離れも進行している。労働組合の組織率は長期的な低下傾向が続いており、一九七〇年に三五・四%だったのが二〇〇〇年には二一・五%と、ほぼ五人に一人しか加入していないのが現状である。

背景には、組織化しにくい第三次産業の比率が高まったことや、パートタイマーなど非正社員が増加したこと、能力主義や成果主義の広がりによって個別の問題が多発するようになり集団的労使関係が機能しにくくなったことなどさまざまな要因がある。同時にまた、働く人々の間に組合の組織活動そのものへの消極的な態度が広がっていることも見逃せない。

　現場では、組合員であっても組合活動に参加したがらない者が増えているといわれる。とくに役員の場合、平日の終業後や土曜・日曜に行われる研修会、レクリエーション行事などに出席しなければならない。連合総合生活開発研究所が一九九一年に行った調査でも、労働組合の組織運営上の問題点として「組合役員のなり手がない」ことが上位にあがっている。

　そもそも、共同体のイデオロギーを掲げ、組織内部の平等主義や一律性を基本的なポリシーとしてきた労働組合運動と、個人主義的な価値観やそれと呼応する市場原理や競争原理は相容れない部分が多く、若者を中心にした組合離れは世界的な傾向でもある（たとえばオルニィを参照）。とはいえ、組合そのものの必要性がなくなったわけではなく、むしろ個人の独立性が高まると団結やサポートがいっそう必要になってきているという見方もできる。すでに述べたように、わが国の労働組合は会社とオーバーラップした行動をとる傾向がある。会社が思いきった革新を迫られているのと同じように、組合も多様化する個人に照準を合わせた組織への転換を必要としているのである。

　つぎに、地域社会への関わり方についてみることにしよう。二〇〇〇年七月の読売新聞全国世論調査によると、隣近所の人とのつき合いについて、四四％の人が「必要最小限に

図表12　「町内会などの地域活動に役立ちたい」

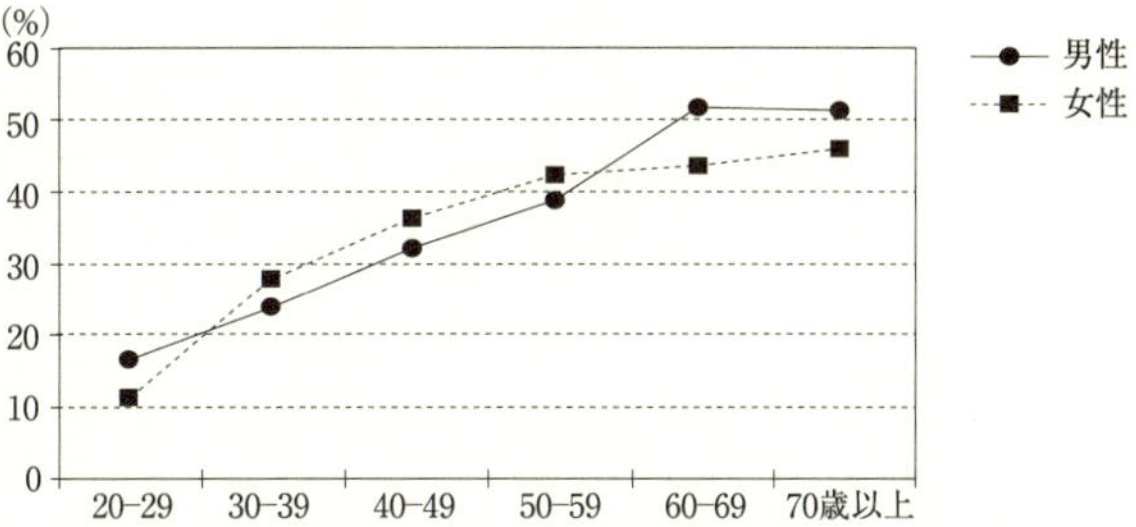

注：「日頃、社会の一員として、何か社会のために役立ちたいと思っている」と答えた人に、その内容を聞いたもの。
資料：総理府（現内閣府）「社会意識に関する世論調査」（2000年）をもとに作成。

したい」と答えている。傾向としては概ね年齢が低いほど、そして大都市ほどそのように消極的な回答をする人が多く、二〇代ではほぼ六割、大都市・中都市ではほぼ五割の人が消極派である。

また総理府（現内閣府）が二〇〇〇年一二月に行った世論調査では、「社会の一員として、何か社会のために役立ちたいと思っている」人に、どのような形で役立ちたいかを聞いているが、「町内会などの地域活動」をあげる人は、やはり若年層で少ない（図表12）。また大都市の住民ほど活動に消極的であり、東京都北区で一九九七年に実施された調査では、町会・自治会活動、PTAの集まりへ積極的に「参加したい」という人はそれぞれ八・二%、五・〇%にすぎず、逆に「参加したいと思わない」と答えた人はそれぞれ四五・二%、六三・九%にのぼっている。

そのほか、子供会、老人会などの組織でも、同様に加入者の減少や世話役を引き受ける人がいないといった問題に直面している。ここでみたように組織離れが主に都市部で、また若い世代ほど顕著であるということからも、伝統的な組織が新しい時代に適応できなくなっている現状がうかがえる。

†求心組織が遠心組織に変化

このような組織離れを、組織の「遠心化」という言葉で表すことにしよう。

私たちの周囲には、自発的に参加している組織と、しかたなく参加している組織とがある。前者は組織への求心力が働いているという意味で「求心組織」、後者は遠心力が働いているという意味で「遠心組織」と呼ぶことができる。遠心組織をもう少し厳密に定義するならば、「個人からみて必要性を感じないか、あるいは必要性を感じてはいるが積極的に関わりたくないと思っているにもかかわらず、やむをえずもしくは半強制的に参加している（させられている）組織」ということになる。

なお注意すべき点は、求心組織と遠心組織はあくまでも個々人の主観に基づいた分類だということである。その点がゲマインシャフトとゲゼルシャフト、コミュニティとアソシエーションといった従来の客観的な分類と異なり、同じ組織があるときは求心組織であっても、別のときには遠心組織になりうる。また人によっても差が出てくる。

すでに述べたように、日本の伝統的な会社や労働組合はもちろん、地域の自治会や町内会、婦人会、PTAなどの旧中間組織にも、程度の差はあれ個人を内部に囲い込む性質がみられる。そのような性質も、かつてはマイナス面として深刻に受けとめられないばかりか、むしろ運命や利害をともにする仲間の連帯感を強める紐帯として積極的に評価されることが多かった。

たとえば、大企業の正社員として会社の傘の下に置かれ、会社色に染まることは、本人にとってはもちろん家族にとっても大きな誇りだったのである。また地域の活動にしても、ほかに参加できる集団や活動が乏しかったため、受動的な形であってもこうした組織の行事に参加することは楽しみでありまた生きがいでもあった。自営業の主人のようにふだん独立して働く人にとって町内会は皆で力を合わせて活動できる数少ない機会だったし、農家の嫁にとって婦人会はイエという重石《おもし》から解放される貴重な場所だったのである。

肝心の活動はそこそこにして、いつまでも長々と歓談したり遅くまで酒をくみ交わす光景からは、組織に参加し交流することの楽しさや喜びが伝わってきた。要するに、大半の人にとってそれらは求心組織だったといってよい。

ところが、加速する個人主義化、それにライフスタイルの変化に伴って、囲い込み体質はむしろ個人の自由を束縛するものとして忌避されるようになる。すでに述べたように新しく台頭してきた個人主義は、マイペースな生き方にこだわり、組織を超えた広い社会に活動の場を求める。それによって、尊敬、自我、自律といった欲求を満たそうとするのである。旧中間組織の多くは、それらの欲求を直接充足できないばかりか、外部でそれを充足する際の障害にさえなりかねないからである。

囲い込まれることがかつては一種の誘因であったのが、今日ではむしろ拘束へと変わったのである。天動説と地動説ではないが、組織そのものの客観的な性質は変わらないにもかかわらず、変化した個人の側からみると、求心組織が一転して遠心組織になってしまったことを意味している。その結果、これまでの方法で求心力を強めようとすればするほど、逆に遠心力を強めることになる。町内会にしてもPTAにしても、行事を増やしたり参加を呼びかけるほど最初から近づこうとしない人が増えてくる。

†求心組織を前提にした既存の制度

さらに問題なのは、従来の制度やその運営が暗黙のうちに求心組織を前提としてきたことである。やや本筋からそれるが、ここでまず一般的な例を取りあげてみたい。

これまで大学や大学院の入学試験は、入学を熱望する多数の応募者の中から少数の者を選抜するのが普通だった。そのため一部では、落とすための試験ではないかと非難されるような難問奇問が出されることがあった。それが少子化と定員増の影響で、定員割れといったかつては想像しない事態が起きるようになった。そうなると今度はなんとかして受験生に入学してもらわなければならないが、残念ながら多くの大学は質の高い受験生を引きつけて入学させるようなノウハウを持ち合わせていない。

入学後も同じである。以前はゼミの学生に教師が仕事を手伝ってくれるように頼めば、学生の側も勉強になるからといやな顔をせずに応じるのが普通だった。ところが最近は学生もアルバイトやダブルスクールなどで忙しくなり、なかには単位を取ることだけを目標に大学へ来ている学生もいる。そのため、手伝いを頼めば対価を要求するケースが増えているという。これまで大学の研究室などは学生の無償労働によって支えられてきた部分があるため、それができなくなると研究や活動そのものに支障をきたすようになる。

もう一つ例をあげよう。官公庁の予算編成にあたっては、各省庁や部局からの要求をもとに国ではかつての大蔵省、地方では財政課が中心になって予算を決めていった。第一章でも触れたように、各省庁や部局の職員は自らの積極性をアピールする目的もあって、必要性が高いか否かにかかわらず毎年新しい事業を計画し多額の予算を要求してくる。大蔵省や財政課の仕事は、もっぱらその中から重要性の低い事業を削り予算を減額していくことだった。毎年予算編成の頃には、財政当局と各省庁・部局の間で激しいせめぎ合いが繰り広げられる。

ところが近年、一部の自治体などでは最初から予算を要求してこない例がみられるという。予算がつけば、当然のことながらそれを消化するのに忙しくなる。どうせ給料が変わらないのなら、かえって仕事が少ない方が得だというわけである。財政の側としては、これまで要求を削ることしか頭になかったため、削減の対象がないと戸惑ってしまう。

組織づくりや組織運営についても同じことがいえる。「自治」「参加」「分権」といった言葉が象徴するように、従来の理念はメンバーが積極的に関わろうとしていることを暗黙の前提にしていた。意思決定や参加についての研究や議論も、個々の主張や意見をいかに全体の中に反映させるかというところに焦点が当てられた。

しかし現実には、すでにみたように伝統的な組織に対して深く関わろうとはしない人が増えている。そのような人たちにとっては、これらの言葉や議論は単に空虚な響きをもつにすぎない。それればかりか、これまでの前提に立った制度とその運営が、彼らにとって大きな負担になったり権利を脅かされるような問題がいっそう深刻さを増してくる。次章ではそこに焦点を当ててみよう。

第四章

破綻する「組織の論理」

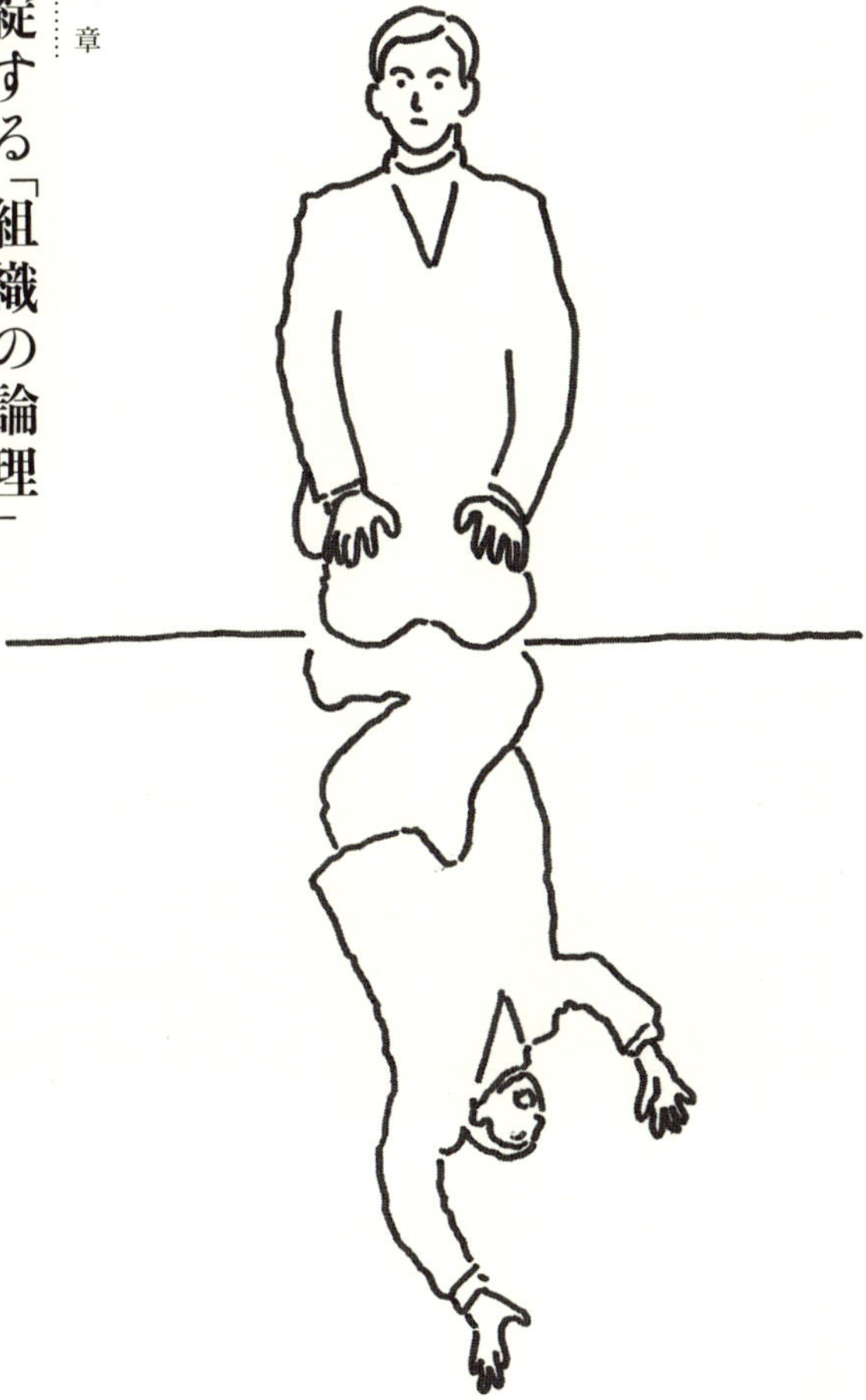

1　ゆがんだ民主主義

†強制される「自主参加」

囲い込みを支え、正当化してきた条件が崩れてきたことによって、組織の内外でさまざまな矛盾が表面化してきた。旧い条件のもとで最適と考えられてきた制度や基準が、新しい条件のもとでは逆に最も不適切なものになることもある。その一つは、従来は民主的と信じられてきた活動や方法の中にみられる。

私たちは日常、民主的であることは人々にとってよいことであると信じて疑わない。そのため、政治の場だけでなく組織の中でも、民主的といわれる手法を安易に採用しがちである。多くの場合、民主主義が皮相なところで理解され本来の理念が生かされていないという問題はあるが、民主主義そのものはあくまでも手続きやプロセスに重点を置いた理念であることも事実である。その点で、社会生活における個人の権利を消極的なものまで含めて直接擁護しようとする自由主義、立憲主義、平等主義などとは本質的に異なるものといえる。

しかも、民主主義が暗黙の前提にしているのは、積極的な参加意思をもった人々の存在である。すなわち、メンバーにとって求心組織であることが想定されているのである。したがってそれが遠心組織になれば、本来の機能を生かせないばかりか、個人の権利や自由を侵害する危険性も生まれてくる。それは国や自治体のように規模の大きな組織の中だけでなく、私たちの身近な組織の中でも起こる。

たとえば、QCサークルをはじめ職場のさまざまな小集団活動は、建前上自主参加の形をとっており、従業員が自分たちの仕事を管理できるため経営民主主義の理念にかなうものとして評価されてきた。ただ、一方でこれらの活動は全員参加を原則にしていることが多い。徳丸壮也も指摘しているが、「自主参加」と「原則的に全員参加」というのは常識的に考えて明らかに矛盾している。そこに、小集団活動の本質が隠されている。

業務命令ならば、その行使には会社の責任が伴うため自制が働く。しかし従業員が「自主的」に行っている以上、活動がエスカレートして個人の負担が大きくなっても会社としては直接責任を負う必要がない。実際に、かつては勤務時間外にしかもほとんど無給で行われるのが普通だった。しかも、全員参加が原則であると会社が公言していることからうかがえるように、閉鎖的な組織の中では参加を拒むことは事質上不可能に近いのである。

小集団活動に限らず、日本の会社では公式な権限の行使はできるだけ控えられ、従業員の自発性を尊重した「民主的」な形式がとられる。しかし、その背後には厳然とした階層的秩序に基づいた強制力が存在する。そのため個人の立場からすると、単純な命令―服従の関係よりも大きなプレッシャーを受けやすい。いわゆるサービス残業が横行するのも、このような構造が背景にあるためといえよう。

†PTAコーラスは役員ばかり

同じような民主主義の「ゆがみ」は、PTAや町内会のような組織にもみられる。ここでは、PTAを例にとって考えてみよう。

すでにみてきたとおり、PTAの世界でも組織の遠心化が進んでいる。とりわけ各種の会合や行事への出席が義務づけられる役員は、できることなら引き受けたくないというのが多くの保護者の本音である。なかには、選挙で選ばれたとたんに泣き伏したり狼狽する人もいる。保護者同士の人間関係の中で嫌われたりにらまれたりすると、選挙で票が集まることもあるといわれる。

本来は民主的な手続きであるはずの選挙という方法が、有無を言わせぬ押しつけを正当化したり、ときには「いじめ」の手段にさえ成り下がっているのが現状なのである。なぜそうなるかといえば、選挙という方法が求心組織であることを前提にしているからである。

すなわち、「われこそは」という人が立候補して、その中から最適な人を選ぶのが本来のあり方であり、少なくとも前向きな意欲をもっている人たちの中から選ばれるということが前提になっていなければならない。

ところが、今日では大半の人が積極的に関わろうとはしていない。けれども建前上は、QCサークルなどと同じく一応自主参加となっているため、メンバーはすべて前向きな人とみなされ、それを前提に運営されていく。その結果、実際には大半の人々にとって遠心組織になっているにもかかわらず、求心組織であるという擬制のもとに依然として選挙という方法がとり続けられるのである。しかも選ばれた人は、喜んでとはいわないまでも納得して受諾するものと想定されているため、拒否権も与えられていないことが多い。

このように、閉ざされた社会でメンバーの自発的参加を前提に設計された「民主的」組織は、その前提が崩れたとき、予想もしなかったような「専制的」組織へと変貌する。

弊害はそれだけにとどまらず、「病」はつぎつぎと伝染していく。選挙をいじめの手段に使うことは論外としても、たまたま気軽に役員を引き受けるとつぎからつぎへと役が回ってきたり、平素から会の活動に積極的な人が役員に選ばれるといった傾向がある。

そこで、会員の側も自己防衛を考える。なかには、わざとミスを犯したりピントはずれな発言をして「不適任」を印象づけるといった高等戦術を使う人もいる。またPTAの活動に頻繁に参加していると積極的とみられやすいため、かりに興味のある活動であっても参加を控えるようになる。その結果、潜在的な参加希望者が多い場合にも実際の活動は停滞する。コーラスやバレーボールなどの催しに参加しているのは役員ばかりといった奇妙な光景に出くわすことも稀ではない。

ある小学校のPTAでは、他の学校と同じように行事への参加者が年々少なくなっていた。そこで会長は保護者たちと話し合いを重ねた末、各保護者に希望する役と引き受けられる年度を自己申告させ、それを尊重して数年間の役員を予め割り当てるようにした。参加すると役員に選ばれるのではないかという不安が解消された結果、行事への参加者が急増したという。誤った選挙の弊害がいかに大きかったかを物語るエピソードである。

ここにあげた例以外にも、求心組織を前提にした制度が遠心組織では本来の趣旨とはまったく違う作用を及ぼすことは少なくない。しかもその背景には、すでに述べたように個人の意識変化だけでなくライフスタイルや生活環境の変化があることからわかるように、単なる啓発活動などで解決される性質の問題ではない。

2　内の正義と外の正義

†雇用保障は大企業の特権？

個人が特定の組織の枠を超えて活動し、社会的な競争にさらされるようになると、組織内外の矛盾が表面化してくる。組織内の正義と社会的な正義との不一致もその一つである。

たとえば、これまで雇用の維持は働く人々はもちろん社会的にも重要であり、企業の社会的責任の一つと考えられてきた。そのため、たとえ能力面で多少問題があっても、また不況や合理化で余剰人員が生じた場合にも、容易に解雇することはできないようになっている。「真面目にコツコツと働いている者を解雇することは許されない」という主張は、国民感情にも訴えやすい。市場主義、反市場主義のどちらにも与《くみ》しない「理性派」の学者や評論家の中にも、日本型システムの閉鎖性を批判しながら同時に雇用維持の必要性を唱える人が多い。

しかし、雇用を維持することはあくまでも相対的な正義であるということを忘れてはならない。なぜならば、経営環境が厳しい中で、仕事の成果があがらなくても雇用維持という恩恵に浴することのできる人は限られた人たちだけだからである。パートやアルバイトが真っ先に首を切られることはいうまでもないし、中小零細企業では真面目に働いていても会社が倒産することは多い。また自由業や自営業では、いくら頑張っても成果があがらなければ一円の収入も得られない。すなわち、真面目に努力している限り報われるというのは、倒産の恐れがない役所や一部の大企業など全体からみるとごく一握りの恵まれた組織に属し、しかも正社員（正規職員）という安定した身分を得ている人の特権なのである。

もちろんこのような見方には反論もあろう。たとえば、サラリーマンは労働力を売って生活している存在であり、業績とは無関係に処遇されるべきだという伝統的な労働（者）観がある。たしかに、特別に高い業績をあげてもそれにふさわしい報酬を受け取ることができないのだから、成果があがらなくてもそれなりの処遇をうけるのが当然という考え方には一理がある。

しかし、そこで問題になっているのはあくまでも特定企業と個人の間における暗黙の契約関係であり、それを守らない企業の責任が問われることはあっても、雇用を維持することと自体が社会的な正義であるとまではいいきれないのではなかろうか。そもそもボーダレス化や「仕事人」化が進行し、仕事のフィールドも、またキャリアの形成も組織の枠内に納まらなくなってくると、市場や社会の論理から隔絶された立場に個人を置き続けることがはたして可能なのか、また個人にとっても望ましいのかという疑問がわく。

正社員としての採用をできるだけ手控え、非正社員や業務委託などに切り替えつつある企業の動き、雇用保障と引き替えに数々の自由を制約されている労働者の姿は、その疑問に対する一つの答えといえるだろう。

しかも、労働法や税制、年金制度などで現に雇用されている者を厚く保護することは、企業間あるいは雇用労働者と自由業・自営業者との格差をもたらすばかりか、失業者や新たに職を求めている人が就職する機会を狭めるということも見逃してはならない。このように考えるならば、これからの時代に雇用の保障をあまりにも強調したり、雇用労働者に絞ったセーフティネットを厚くすることは、一部の人々の既得権を過度に優遇するものであるという批判を免れない。

†内部の平等主義と外部の不平等

この問題は、社内における人事や処遇のあり方とも深く関わっている。

年功制や平等主義を基調にした日本企業の人事制度では、年齢や勤続年数に差がなければ給料の面でもまたポストの面でも、職種や能力・業績によってそれほど大きな差がつくことはなかった。画一的なローテーション（配置転換）と集団的な執務体制のもとでは、職種や個人の能力・業績によって処遇に大差をつけることはできなかったからである。近年、能力主義や成果主義の導入が叫ばれているが、それでも多くの場合、選別や序列づけに重点をおいた中途半端なものにとどまっているのが実態である。

したがって、ここでもまた組織の内外で、ある種の矛盾が生まれる。たとえば、一つの会社の社員である限り職種や能力・業績による差をつけないということは、同じ職種、同等の能力・業績であっても、所属する会社が違えば処遇に大きな差がつくということを意味する。すなわち、組織内の平等は社会的な不平等につながりかねないのである。

このような組織内の平等主義は、閉鎖的な組織の中で職業生活を完結する伝統的な「組織人」にはそれなりの意味があった。彼らの競争相手はほとんどの場合に社内の人間であり、会社間の格差が問題になることは少なかった。また、たとえわずかな給料・地位の差であっても、能力や業績を表すシンボルとして受けとめられたため、動機づけの効果も期待できた。

一方、「仕事人」にとっては、組織内での序列はそれほど意味をもたないかわりに、それぞれの専門分野で社会的にどれだけ評価されているかが重要である。したがって、組織内における職種間の格差よりもむしろ組織間における職種内格差の方が不公平に映る。彼らにとっては、どこの会社に属しているか、あるいは雇用されているかフリーランスであるかにかかわりなく、能力・業績を反映した収入やステイタスを得られなければならない。厚すぎる組織の壁、すなわち組織の内と外とで働く条件が違いすぎることこそが問題なのである。

個人の活動範囲、競争のフィールドが広がり、組織内の平等主義が必ずしも社会的な正当性をもたなくなるのは会社の中だけにとどまらない。

公立の小中学校では、生徒の間に差がつくことを極力避けようとする風潮がみられる。授業の進度はどうしても学力の低い子供に合わせるようになり、なかには格差づけにつながる五段階評価なども廃止するところがある。運動会でも、能力の差がつきやすい徒競走などを取りやめたり、走っても順位をつけない学校があるといわれる。

しかし会社の場合と同じように、一つのクラスや学校の中で平等を図ることが、社会の中でかえって不公平をもたらす場合がある。しかも好むと好まざるとにかかわらず、いずれ子供たちは卒業し外部の競争にさらされるようになることを忘れてはならない。たまたまレベルの低いクラスや学校に割り当てられた子供は、広い範囲を対象に行われる受験で不利になるばかりか、基礎学力の不足が将来の人生のハンディになるかもしれない。

このような指摘に対しては、「受験だけが人生ではない」とか、「変えなければならないのは学校ではなく、受験をはじめとする競争社会の方である」というような反論が返ってくることが多い。しかし、ここで問題になっているのは個人の平等という権利がどれだけ保障されているかであり、個人の価値観の問題、あるいは受験や競争の是非というマクロな問題にすり替えてはいけない。現実の社会に競争が存在する以上、またそれぞれがそこに意義を見出して競争に臨んでいる以上、機会は平等でなければならず、個人の責任によらない競争条件の格差はできる限りなくすべきなのである。

もちろん機会の平等を保障するだけでなく、結果の不平等を一定の範囲内に是正していくことも重要な社会的理念・目標となる。しかし、それはあくまでも広く社会全体で考えなければならないことである。閉ざされた組織の中での平等がかえって社会的な不平等につながる場合もあり、それは個人の行動範囲の広がりやボーダレス化によってますます深刻な問題になる。組織内の平等主義を、社会的な正義として手放しで賞賛することはできなくなっているのである。

ここでは会社と学校の例を取りあげたが、どんな組織でも閉鎖的になるほど、内部の常識と社会的な常識とのズレが大きくなる。ズレはやがて外からの圧力となり、組織は自己保存のためにますます閉鎖的になるというように悪循環が形成される。

内外の矛盾は、社会的な不平等という問題を生むだけではない。組織は外部の環境にうまく適応することによって生き残り発展を遂げることができるのであり、部分最適化を優先して環境への適応が妨げられればやがて社会的に孤立し衰退への道をたどっていく。たとえば企業の場合、平等主義のもとでは実力のある人材が外資系企業やベンチャー企業に流れていくだろう。あるいは独立自営の道を選ぶかもしれない。学校でも、優秀な子供や受験を志す子供は私立学校に進んだり進学塾に頼るため、公立校の空洞化がいっそう進行しかねない。

3　全体の論理と個の論理

†広がる利害対立

わが国の社会や組織では伝統的に、全体(ここでは簡略化のため全体社会と中間組織を分けていない)と個の利害は一致すること、少なくともその間に深刻な対立がないことを前提としてシステムが設計され、運用されることが多かった。

しかし、現実には全体の利益と個の利益はむしろ一致しないことの方が多いといえよう。たとえば環境問題一つ取りあげても、国全体あるいは地球全体の視点からは二酸化炭素や窒素酸化物の削減は必要だが、人々が快適な生活を送るために自動車や暖房の使用は不可欠である。そのため、総論では排ガス規制に賛成する人でも、自分から進んで自動車の利用を控える人は少ないだろう。

しかも、個々人の置かれている立場によって利害は複雑に錯綜する。都心に住居を構える人は環境を優先すべきだという立場から排ガス規制の強化に賛成し、過疎地に住んでいて自家用車が手離せない人や、寒冷地で大がかりな暖房が欠かせない人は厳しい規制に反対するかもしれない。

組織の中でも、「一丸となって」とか、「心を一つにして」という言葉が軽く口にされるが、実際にはそれぞれの主体の間で利害が鋭く対立することは少なくない。たとえば、余剰人員を抱えて経営不振に陥っている会社を救うためには、社員自ら身を引くことが最善だという場合もある。また労働組合の中でも、能力の高い組合員は、待遇向上の足かせになる組合の存在そのものを疎ましく思っているかもしれない。

教育の場でも、全体のための教育と個人のための教育は常に一致するとは限らない。一般的にいえば、他人に迷惑をかけないことや思いやりの気持ちを養うのはどちらかというと社会全体のためであり、受験競争を勝ち抜くような学力を身につけさせるのは主として個人のためである。したがって公立学校の場合、どちらにウエイトを置くかをめぐって、教育費を負担する納税者と教育を受ける生徒ならびにその保護者との間で意見の不一致が起こることもある。さらにそこへ学校という組織ならびに教師の利害が絡んでくると、関係はいっそう複雑になる。「よい子」という概念一つとっても、社会にとっての「よい子」、学校や教師からみた「よい子」、親からみた「よい子」には微妙な違いがあり、さらにいずれの理想像も子供自身の目標や利益とは一致しない可能性がある。

これらはどちらかといえば極端なケースだが、個人主義化、生活の多様化に伴って、全体と個の利害が一致しない場面が増えてきたことはたしかである。

にもかかわらず一致しているという建前をとり続けることが、現実にさまざまな問題を引き起こしている。

†組織の個性化と個人の没個性化

その一つが、いわゆる「個性化」である。わが国でも近年は、会社や学校で「個性重視」が目標として掲げられるようになり、地域では「特色ある町づくり」を推進しようという気運が盛り上がりをみせている。実際に組織内の権限委譲や地方への分権が進めば、下位にある組織や自治体の個性化がしやすくなることは間違いなかろう。

問題は、個性化をどこのレベルでとらえるかである。組織や集団の個性と個人の個性とは必ずしも一致しないばかりか、場合によってはトレードオフの関係になることに注意しなければならない。組織や集団が小さくなって外の世界と切り離されると、組織・集団そのものは個性的になっていく。しかしジンメルも指摘しているように、組織内部の人間は逆に個性の自由を奪われることになる。第二章で述べた分権化の問題点とも共通するが、組織の規模が小さいほど、組織の個性と一致しない個性は容認されにくくなり、メンバーは組織の個性に同調するように強いられやすいからである。

たとえば、会社が一方的に一つの部門を切り離し別会社化したとする。そこで扱うサービスはもちろん、勤務体系や処遇も親会社とはまったく違うものが取り入れられ、世間からは「ユニークな会社」として注目を浴びることになったとしよう。新しい会社の中には、そのような会社の個性とうまく適応できる人もいるが、他方には会社の方針が自分自身の志や希望する働き方とまったく合わず、かえって自分の個性を発揮しにくくなったと感じる人もいるはずである。

小中学校でも、かりにある学校が自校の特色を出すために勉強よりも体育や芸術に力を入れるようになれば、体育や芸術より勉強が得意な子はそれを伸ばすことが難しくなる。あるいは熱血教師が他のクラスとは違った教育方法を取り入れれば、教師を選べない生徒は不本意でもそれに従うしかない。

もちろん個性的な教育をすれば、それを受け入れて個性的な子が育つ可能性はある。体育に力を入れれば一流のスポーツ選手が生まれたり、芸術に力を入れればコンクールで優勝するかもしれない。

しかし、このように上からの「個性化」によってかりに個性的な人間が育ったり個性的な生活が送れるようになっても、それは個々人が主体的に求めたものではなく、いわば「押しつけられた個性化」にすぎない。したがって、自らの適性と自由意思で伸ばした真の個性と同じように評価すべきではなかろう。

このような考え方をするならば、とりたてて特色がない地味な組織であっても、必要な条件がバランスよく整っている方が自分の個性を伸ばしやすいという見方もできる。たとえていうと、多様な食の好みをもつ人たちがそろって食事に行くなら、高級なフランス料理や中華料理の店よりも、いろいろな国の料理がオーダーできる無国籍料理店や、ひとそろいのメニューが整っている大衆レストランの方がよいということである。

すでにみてきたように、わが国では会社にしても地域社会にしても、あるいは学校にしても、個人が自発的に組織をつくったり自由意思で組織を選択し参加するというプロセスが欠落もしくは形骸化している。こうした現状のうえに組織の個性化が進められると、個人にとってメリットが小さいばかりか、むしろ犠牲にさえなりかねないのである。

分権や規制緩和と同じように、個性化もそれが組織を対象にしたものか個人を対象にしたものかによって、様相はまったく違ってくることを改めて強調しておきたい。

†「適材適所」の破綻

ところで、日本の会社はこれまで全体と個の利害は一致するという建前をとり続け、曲がりなりにも従業員との信頼関係を壊さないように努めてきた。それが機会主義的（状況を利用して自己の利益を追求しようとすること）あるいは打算的な行動を抑止していたといってもよい。その点では、一部の会社とはいえリストラなどによって雇用に手をつけたことの意味は大きい。一度パンドラの箱を開けた以上、これからは「利害一致」の建前は通用しない。

全体と個の利害は必ずしも一致しないことが広く認識されるようになれば、個人の側には機会主義的、打算的な行動が目立ってくる。そうなると、従来行われてきた組織の運営方針では立ちゆかなくなる。

一例として、会社や役所の中における人員配置を取りあげてみよう。これまでの人事では「適材適所」が一つの理念として掲げられてきた。そしてだれが「適材適所」を判断するかといえば、実際には人事部や管理者、すなわち組織の立場を代表する人たちだった。彼らは、つぎのような形で「適材適所」を実行するのが普通である。

かりに広報と海外営業の二つのポストが空いて、AとBの二人がその候補者だったとしよう。Aは英語が堪能だが広報の仕事を希望していて、広報マンとしての実力もBより優れている。一方のBは、英語は苦手だが広報の仕事なら何とかこなせる。このような場合、組織全体の利益という面からは、Aを海外営業、Bを広報の部署に就けるのがよいと考えられる。

当然のことながら、Aは自分よりも実力の劣るBが広報のポストに就いたことに不満をもつ。もっともAが典型的な「組織人」であれば、どの部署に配属されたかはそれほど大きな問題ではないし、会社のためという大義名分の前に多少の不満は解消されよう。また多様な仕事をこなせることがゼネラリストとしての評価を高め、出世に有利となるかもしれない。

しかし、「仕事人」のようにどの仕事に就くかが自分のキャリアを大きく左右する場合には、「会社のため」という全体の論理に無条件で従うことはできない。広報マンとしてキャリアを形成することを夢みるAは、以後、広報以外の分野では無能を装うだろう。そして、AとBの件はいずれ社内に広く知れ渡り、だれもがAのように自分が希望する仕事以外の能力や適性をみせなくなる。その結果、個人の意思より組織を優先した「適材適所」のポリシーは破綻する。全体と個の利害不一致が公然化することによって、このようなストーリーが現実味を帯びてくる。

自治会、PTAなどのように「遠心化」の進んだ組織ではこのような機会主義的な行動がいっそう顕著であり、前章でも触れたように役員などを逃れるための処世術として「能ある鷹は爪を隠す」を実践する人が増えている。

そうなると結局、個人の意思を尊重し公平に機会・負担を与えるという方法へ切り替えていかざるをえないのである。

†性善説の限界

このことは、個人が利害や打算を超えて組織に献身するものだという仮定(「性善説」と呼ぶことにしよう)そのものに無理があることを示唆している。したがって、性善説に立って設計、運用されていた日本の組織は根本的な見直しを迫られる。

たとえば、日本の会社では終身雇用と年功制の大枠が存在し、その中で徐々に選別や序列づけが行われるようになっている。そこでは、第一章で述べたように、一〇の力をもつ人は一〇、二〇の力をもっている人は二〇の力を発揮することが求められた。そして実際にそれぞれがもっている力を最大限に発揮したのは、組織の中で評価されることが職業生活において最大ともいえる目標だったからである。言い換えれば、たとえ力の出し惜しみをしても、残った余力を活かす場所は存在しなかったのである。

ところが、個人の活動範囲が広がり組織を一つの手段、あるいは仕事をするための場所と割り切って考えるようになると、処遇に大差がつかないのなら二〇の力をもっている人は一〇の力しか発揮せず、余力は別の分野に振り向けるようになるだろう。一方、一〇の力しかもたない人は、自分の将来がみえた段階で開き直り、解雇されない最低限の仕事しかしなくなるかもしれない。そして、彼らがそれなりの処遇を受けているのを目の当たりにすると、われもわれもと「ぶら下がり社員」が増殖する可能性がある。テレワークや裁量労働など上司の目が届かないような所で仕事をする機会が増えれば、なおさらその可能性は高まる。そうなると、当然のことながら組織の生産性は落ち、業績の低い人をカバーする余裕さえもなくなる。

もっとも会社の場合には、いくら解雇が制限されているといっても、最終的には何らかの方法で組織から排除することができる。それに対して全員加入が前提になっている自治会やPTA、それに学校も義務教育の段階では、組織の側から参加を拒んだりメンバーを排除することができない。それを逆手にとって、組織の秩序を乱すような行動を起こされると組織そのものが機能不全に陥る。小中学校の非行や学級崩壊などはその典型例である。囲い込みには組織力を高める手段としての一面があったはずであるが、組織が遠心化しメンバーが機会主義的に振る舞うようになれば、逆に組織力を低下させる要因になってしまう。

そしてここまでくると、第一章でも述べたような集団主義と個人の匿名性も機会主義をエスカレートさせる方向に作用する。良きにつけ悪しきにつけ個人の名前が表に出ず、責任があいまいにされるため、自分の名誉やプライドよりもむしろ短期的な損得に走りやすく、なかには利己主義に徹する者もでてくるのである。

しかもそれはつぎつぎと波及していく。「性善説」のうえに立った組織が「性悪」な振る舞いに対処できず、「性善」な人がその犠牲になるような状況が放置されると、正直者が馬鹿をみることになり、本来「性善」な人までも「性悪」な行動をとり始める。

ここに掲げた「性悪」な行動の例は、道徳的にも非難を浴びるような極端なケースであるが、機会主義的、打算的な行動をとること自体を道徳的に非難しても問題の解決にならないばかりか、場合によっては組織の論理によって個人を抑圧することにもなる。大切なのは、全体と個の利益が必ずしも一致しないこと、そしてだれでも機会主義的、打算的な行動をとることがあるという前提に立って組織や社会のシステムを設計し直すことである。

第五章

組織と社会をどう変えるか

1 囲い込みからの脱却

†組織の「遠心力」を下げる

個人主義的な価値観や行動様式の広がり、人々の生活圏の拡大や生活パターンの多様化などによって、これまで当然のように行われてきた組織への囲い込みの問題点が露《あら》わになってきた。囲い込みの弊害を単純化し一言で表すならば、個人のレベルでは《不自由》、社会のレベルでは《不平等》、組織のレベルでは《不適応》(非効率)をもたらすことにある。したがってそれを放置することは、個人や社会にとってはもちろん、組織自体にとっても望ましくない。

ただ、この問題を解決するためには、現実に個人を囲い込んでいる組織を改革するだけでは不十分である。場合によっては、旧来の組織が担ってきた役割の見直しや、新たな帰属の対象をどこに見出すかという議論も必要である。また、より大局的な視点から組織と個人の関係を調整することも不可欠である。したがって本章では、時代の変化を見据えながら組織や社会の未来像を描いてみることにしたい。

この節ではまず、旧来型の会社や労働組合をはじめ、公立学校、自治会、PTAといった旧中間組織をどのように改革していくべきかを考える。

これらの組織の多くはかつて、メンバーが積極的に参加する「求心組織」であった。それが時代の変化とともに、受動的に、もしくはやむをえず参加する「遠心組織」へと変わりつつある。背景には個人の意識や行動様式だけでなく、彼らを取り巻く社会や技術の変化など構造的な要因がある以上、もはや流れを押しとどめることはできない。にもかかわらず、多くの組織が伝統的なパラダイムに固執し基本的な枠組みを崩そうとしていないようにみえる。しかし思いきって旧来の枠組みを変えない限り、組織の遠心力がますます大きくなることは目にみえている。

旧中間組織に求められるのは、とにもかくにも組織の遠心力を下げることである。そのためにはまず、個人が組織に対してどのような関わり方をしようとしているかを冷静に見極め、そこから組織のあり方を考え直すことが必要である。

†生活クラブ生協の改革

ここで一つのケースとして、東京の生活クラブ生協に注目してみたい。

生活クラブの活動は、一九六四年に東京都の世田谷で主婦が牛乳をまとめ買いすることから始まり、以後、「消費財」の共同購入を核としながら活動の幅を広げてきた。二〇〇〇年時点で組合員数は五万一〇〇〇人を超える。

同生協では、五人程度の組合員が活動の基礎単位となる「班」を形成している。班は共同購入の単位であると同時に意見をまとめる単位でもあり、これまでの活動の過程では市場に対して大きな影響力を及ぼすなど、統一性や集中性の強みを発揮してきた。しかし、班は単なる共同購入という限定された機能を超え、全生活的な組織としての性格を帯びるため、若年層を中心に抵抗を覚える人々が増えてきた。そしてそれが組合員増のネックにもなっているのではないかと考えられるようになった。そこで、個々人の価値観や生活パターンなどの違いを前提にした組織運営を行うために、思いきった改革案が打ち出された。

その中でとくに注目されるのは、従来の班という基礎組織で統括する運営が見直され、個人参加へと切り替えられたことである。その結果、新しい組織では個人が所属する班を自由に変えたり、どこの班にも所属しないことができるようになった（図表13）。共同購入の方法も、戸別配送システムを導入し、それを東京全体に展開することにした。

現時点（二〇〇一年五月現在）では、改革が行われてから比較的日が浅いため成果を見極めることは難しいが、新しい制度を導入したブロックでは好発進したことが伝えられている。たとえば、組織化されることへの不安が薄らいだため、生協の活動に関心をもって

図表13　生活クラブ生協の組織図

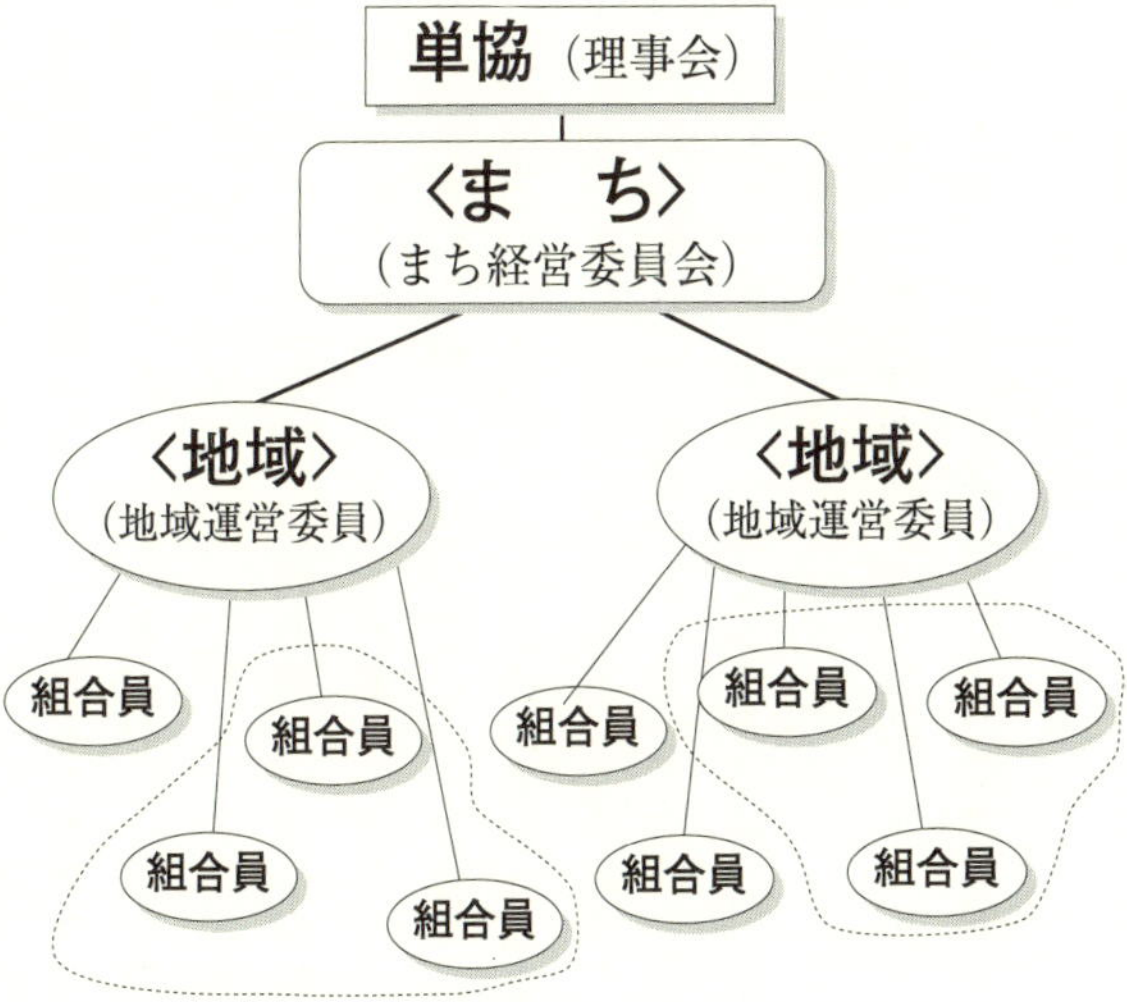

資料：生活クラブ生活協同組合「生活クラブ第３次長期計画」。

参加する人が増えたという。また、組合を脱退する人が減少したことも報告されている。

「辞めやすさ」の魅力

このケース以外にも、囲い込みをやめた結果、遠心組織が求心組織になり人々が積極的に参加するようになったという話は珍しくない。このことは、かりにある組織の活動に興味を抱き参加してみようと思っても、いったん参加すると脱退することが難しいため最初からしり込みしている人が多いことをうかがわせる。

ＰＴＡや自治会、さらにはボランティア組織でさえも、たまたま行事や活動に参加すると、以後は固定的なメンバーに入れられ参加が半ば強制されるようになるため、かりに参加したくても思いとどまっている人が多い。一方職場では、正社員に比べて勤務条件が劣るにもかかわらず、フリーターやパートタイマーとして働こうとする女性や若者が少なくないが、その理由の一つは比較的簡単に辞められるからだといわれる。

これらの背景には、辞める人に対して厳しく冷たいわが国特有の組織風土があると考えられる。それは、「囲い」の内と外をはっきりと区別する共同体の論理の反映でもある。実際に、内部の結束が強く人間関係が濃密なほど脱退者への感情的な反発も大きく、「裏切り者」の烙印が押されたり人格面まで非難されることがある。

とくに若者や家庭の主婦などの場合、組織を離脱したり関係を絶つことに慣れていないため、最初からその恐さや気まずさを見越して行動する傾向がある。たとえば、アルバイトやパートの仕事をさがす場合でも、辞めるときの抵抗がいかに小さいかが決定要因になっているようである。期間限定の短期アルバイトが意外に人気があるのもその表れといえる。余談だが、近頃は若者が異性と交際する際にも別れるときのことを考えてからつきあい始めるという。

このことは意外に気づかれていないため、多くの組織は人を引きつけようとするとき、参加することや加入することのメリットばかりを強調する。しかし先のエピソードは、むしろ辞めやすい条件を予め設定し、参加の心理的バリアを取り除くことがいかに重要かを示している。「囲い」の中のメンバーとして遇されることが必ずしも名誉ではなくなってきた今日、改革の第一歩は、「強制的に参加させられている」という意識を取り払うことなのである。

†組織の役割は「場」の提供

それではつぎに、組織そのものをどのようなスタイルに変えていくべきかを考えてみよう。

人々にとって会社は本来、職業能力を向上・発揮し、目的を追求すると同時に有形無形の報酬を得る場である。また労働組合は、労働者の権利を守ったり地位の向上を図るための組織である。自治会やPTAにしても、人々が住みよい地域社会を形成したり子供の健全な成長を支援するための場と位置づけることができる。

もちろん、労働組合や自治会のようにメンバーの利益を第一に考えればよい組織と、会社のように外から与えられた目的を達成することが大前提となる組織とでは、メンバーに求めるものは違ってくる。しかしいずれの組織も、目的を達成するためにはメンバーから何らかの形で貢献を引き出すことが大切である。裏を返せば、メンバーから組織の目的を達成するために必要な貢献を引き出せるなら、囲い込みは必要がないはずである。

ちなみに近代組織論の祖と呼ばれるC・I・バーナードは、組織を「二人以上の人々の意識的に調整された活動や諸力の体系」と定義している。そこには物理的な建物や設備はもちろん、人間そのものも含まれていないことに注目すべきである。彼によれば、そもそも組織にとって重要なのは、コミュニケーション、貢献意欲、共通目的の三つであり、管理したり拘束すること自体は組織の要件ではないのである。

むしろこれからの組織にとって重要なのは、個人が自発的に能力を向上・発揮し、成果をあげられるように支援することである。すなわち、組織は一種のインフラストラクチャーとしての役割が期待されていることを意味する。このように、メンバーを囲い込まず、支援することに重点を置いた組織を「インフラ型組織」と呼ぶ。

図表14は、伝統的な組織とインフラ型組織とを比較したイメージ図である。伝統的な組織は、ピラミッド型の官僚制組織の形態をとる場合でも、また柔軟な有機的組織の形態をとる場合でも、個人は内部に囲い込まれ組織が主体となって活動する。一方、インフラ型組織では、主役はあくまでも個人であり、組織は個人が活動するための場にすぎない。

会社を例にとって説明しよう。すでに述べたように、伝統的な日本の会社ではいったん

図表14　伝統的組織とインフラ型組織のイメージ

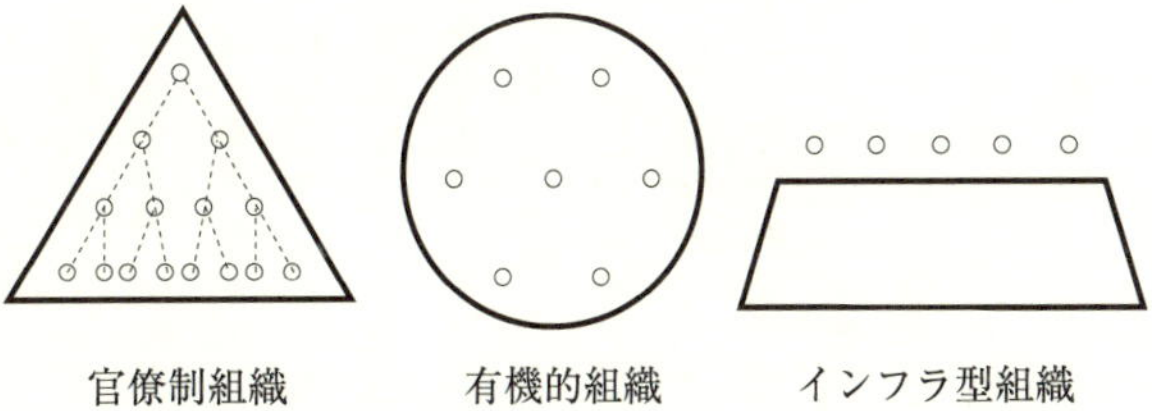

注：○は個人、太線は組織を表す。

社員になると定年まで、仕事だけでなく私生活の部分も含めて会社の傘の下で過ごすのが普通だった。また、社内での配属や昇進、能力開発、報酬などは会社によって一方的に決められた。もちろん労働組合との交渉が行われる場合もあるが、いずれにしても組織の論理で勤務条件が決まるのは同じである。

それに対して、ベンチャー企業など新しい会社の中には、「組織は仕事の場を提供するところ」と位置づけ、社員を勤務時間や勤務場所で拘束しない反面、歩合制や成果配分など徹底した成果主義を採用しているところがある。また、契約したミッションさえこなせば、あとは何をしても自由という制度を取り入れている会社もある。部や課の代わりにプロジェクトチームを取り入れ、社内外のだれでもメンバーに応募できるようにしたり、配属先を決めるのにプロ野球式のドラフト制度やFA制度を用いている会社もみられる。

そもそも同質的な人材を抱え込み組織の一員として働かせるマネジメントは、産業化社会の産物であり、とりわけ少品種大量生産という特殊な条件の下で効率的だったにすぎない。今日では、これまでのように社員を囲い込み共同体意識を育むことによって利害や打算を超えた貢献を引き出すことが困難になり、しかもそれが効率的でもなくなってきている。わが国では、企業家精神をもった人材が育ちにくいことが指摘されているが、その一因は個人を囲い込む組織の構造にあるという見方もできよう。近年になってようやく、既存の企業の中にもこのようなインフラ型へと組織を改革しようとする動きがでてきた（拙著『仕事人と組織』）。

そして自治会やPTAも、新しい住民が多数を占めるようになった地域や新興住宅地などでは、従来の行事や活動を見直し、組織は会員の自発的な活動の場であるという原点に立ち返って新たな活動や運営方法を取り入れるケースが目につくようになった。

このようにして組織がインフラ型に変われば、それまで囲い込みから除外されてきた人々やそれに抵抗を感じてきた人たちを、新たにメンバーとして迎えることができる。また、既存のメンバーからもより大きな貢献を引き出せる可能性がある。実際にインフラ型へ切り替えたことによってキャリアや報酬が青天井になり、社員の意欲が高まり生産性も向上したという会社や、会員の間に自分たちで地域や学校をつくっていこうという当事者意識が芽生えた自治会、ＰＴＡは少なくない。

†組織をいかに統合するか

ただ組織である以上、一方では統合、すなわち個々のメンバーを組織の目的に方向づけていくことが必要になる。もちろんどの程度の統合が必要かは組織によって差があり、軍隊のように極めて強い統合が必要な組織もあれば、親睦団体のように最低限の統合で済む組織もある。本書で取りあげてきた組織の中で、たとえば会社や役所はどちらかというと強い統合が必要な部類に属するが、自治会、ＰＴＡ、ボランティア組織などはそれほど強い統合を必要としないのが普通である。

このように程度の差はあるものの、統合が必要なことにかわりはない。しかも前章でみたように組織と個人の間における利害の対立や不一致が大きくなれば、これまでとは違った新たな統合の枠組みを構築しなければならない。

組織と個人の統合についての伝統的な理論はつぎのような考え方をする。人間は本来、もっている能力を最大限に発揮して成長することを望んでいる。したがって組織の重要な意思決定に参加したり、組織全体に関係する重要な仕事に携わることができるようなシステムをつくれば、メンバーは組織目的の達成に向けて自発的に努力するはずである。具体的には、メンバーの間、およびメンバーと組織の間における豊富なコミュニケーションや相互作用、権限の委譲などが重視される。また組織のスタイルとしては、第一章（四二ページ以下）で取りあげた有機的組織を理想と考える。

C・アージリスやD・マグレガーらによって提唱されたこのような理論によると、個人は組織の目的を受け入れそれを追求するプロセスの中で成長し、自己実現していくことになる。すなわち個人が組織に参加した時点で組織と個人の目的は統合されているため、これを「直接統合」と呼ぶことができる。直接統合は、仕事や生活の範囲がそれぞれ一つの組織の中で概ね完結され、組織に対して一体化できる人たち（「組織人」はその典型である）には有効な理論であったことは疑いない。

ところが前述した「仕事人」やボランティア、さらに生活・活動の範囲が特定の組織や地域の中に納まらない人たちにとって、このような統合の方法は必ずしも有効ではない。彼らは、それぞれの組織に対して限定的な関わり方をしようとしているからである。したがって、必ずしも組織の運営や意思決定に積極的に参加したいと考えているわけではなく、組織内のメンバーとの間で頻繁にコミュニケーションをとることを望んでいるわけでもない。それでは、どのようにして彼らを組織に統合すればよいのだろうか。

統合のカギとなるのは広い意味での「仕事」、より厳密にいえば「仕事の成果」である。彼らの多くは、組織には深く関わりたくない（関わることができない）と思っていても、仕事や活動の目的と必要性は理解している。問題は、個々人の仕事や活動を組織の目的へどのように結びつけていくかである。

†サッカー型から野球型へ

企業の場合、組織の主な目的は利潤をあげることである。利潤をあげるには、顧客や市場のニーズをくみ取りそれに応えていかなければならない。そのため個々の従業員に対しても、顧客や市場の要求に応えて成果をあげることを求める。このことはすなわち、顧客や市場の要求に応え企業の利益に貢献している限り、必ずしも組織への忠誠心や一体化は必要がないことを意味する。

たとえば、営業マンは顧客の信頼を獲得して販売の実績をあげることによって、また研究開発に携わる人たちはオリジナルなアイデアを出したり新しい製品を開発することによって企業に貢献し、同時に自らの評価を高め金銭はもとより専門家としての地位や名声も得ることができるのである。

もちろん、仕事の規模が大きくなればチームを組んで活動するケースが多くなるが、そ

図表15　直接統合と間接統合

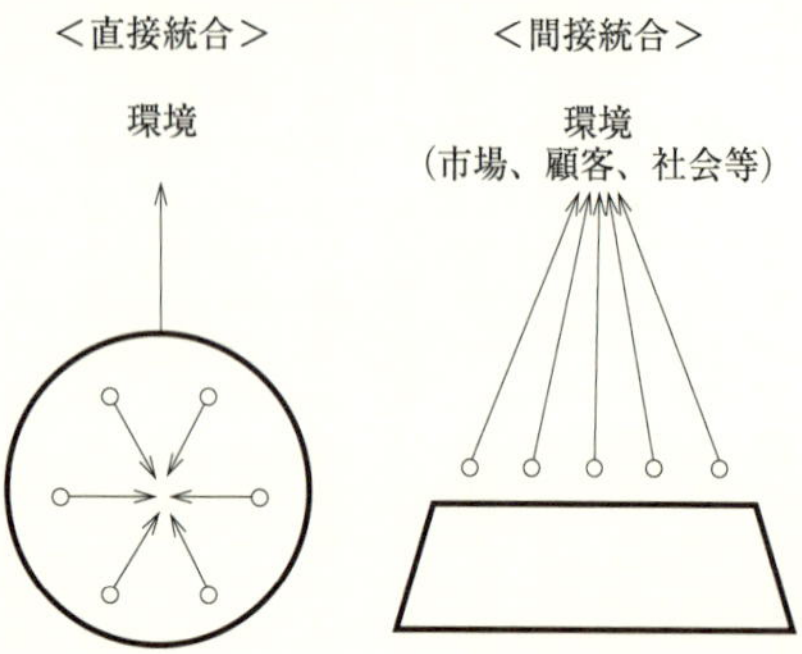

の場合でも組織への一体化が絶対に必要というわけではない。たとえば映画や番組などの制作現場では、プロデューサーやディレクターのほか、音声、撮影、照明などの専門家が一緒に仕事をしているが、彼らはそれぞれが独立したプロであり、メンバーの構成もプロジェクトごとに変わる。彼らは、組織のために協働しているのではなく、あくまでも優れた映画や番組をつくるという「仕事」のために協働しているのである。

自治会やＰＴＡ、あるいはボランティア組織やＮＰＯのような組織でも、個々のメンバーが使命を自覚し主体的に行動できるようになれば、あえて団結や一体感を求めなくても自ずと統合されていくはずである。

そして、当然のことながらその方が個人の自律性も大きくなる。とくにこれらの組織は、会社や役所のような組織と違ってメンバーに対する強力な強制や制裁の手段をもたないことが多い。それだけにいっそう、個人の自発性・自律性を尊重した統合手段が必要とされる。

このように、個人が外部の環境に適応していくことによって結果的に組織に統合されていくという考え方を「間接統合」と呼ぶ。図表15は、統合の方法について二つの考え方をイメージとして表したものである。左の図では組織の中で統合されているのに対し、右の図では組織という枠を超えたところで統合が行われているところに大きな違いがある。

スポーツにたとえるならば、直接統合はラグビーやサッカーに、間接統合は野球、とりわけ大リーグなどに近いといえよう。前者では、プレーヤーは常にチームの一員として組織的に行動することが求められるのに対し、後者では何よりも相手の投手や打者との対決に勝つことが求められる。要するに、自分の仕事で成果をあげることが結果的にチームの勝利につながるのである。

私が一九九三年から九四年にかけて、全国の主要企業とそこで働く非管理職のホワイトカラーを対象に行った調査によると、技術系、事務系を問わず比較的専門性の高い職種では、直接統合よりも間接統合の方で明らかに優れた結果が得られている（前出『日本企業と個人』）。私たちの周囲を見渡しても、メンバーがいきいきと活動し高い業績をあげている組織では、無意識のうちに間接統合が行われているケースが多い。組織のメンバーを統合しようとすると一体感や忠誠心を強調しがちであるが、皮肉なことにそれらを強調しすぎると逆効果になりやすい。

そもそも一体感にしろ忠誠心にしろ、それ自体が目的ではないということを銘記すべきである。むしろ広い意味における「仕事」の成果という、それ自体に価値がありかつ客観的な目的を追求する方が、組織にとってはもちろん、結局は個人にとっても利益が大きいと考えられる。

†「小さな組織」の思想

このように一部とはいえ、インフラ型の組織や間接統合のような方法が取り入れられるようになってきた背景には、これまで組織の役割そのものを過大視してきたことへの反省がある。

技術、市場、社会など、組織と人を取り巻く環境が激しく変化しつつある今日、いろいろな分野で将来を見通すことが困難になってきた。そのため、組織が予め「こうあるべきだ」という絶対的な基準や枠を設け、それに合わせて選別や管理をするよりも、市場や顧客、サービスの受け手などの評価に委ねた方が、妥当性・公平性の面でも、また効率性の面でも望ましいケースが増えている。

すなわち組織の能力には限界があることをわきまえて、その役割を自ら制限することが必要になっているといえよう。企業や国民に対する政府の規制・統制、財政支出などが小さいことを「小さな政府」と呼ぶように、組織がメンバー個人を積極的に選別、管理しないことを「小さな組織」と呼ぶことができる。要するに、組織の規模ではなく関与が小さいことを指しているのである。

会社ではこれまで、新卒者を学歴や面接、筆記試験などで選別し採用してきたが、不確実な環境下で、しかも創造性や革新性といったつかみどころのない能力を予め判定することは極めて難しい。また採用後も、だれがどの仕事で力を発揮するかは、実際にやらせてみないとわからないことが多い。意欲や志などにしても、当人の置かれている条件によって大きく左右される。結局、人が人を評価する以上、誤りは避けられないのである。しかも将来の不透明さが増すほど過誤の確率が高くなり、能力の個人差が拡大するほどリスクも大きくなる。

それなら根本的に発想を変え、組織としてはできる限り評価や選抜を行わず皆に等しくチャンスを与え、あとは客観的な成果、すなわち市場や顧客の評価に委ねた方がむしろ合理的であり人権上も問題が少ないのではなかろうか。《組織による人為的な選別》から《市場や顧客への適応》へとパラダイムを転換するのである。

たとえば、採用の際にはできるだけ間口を広げ、インターンシップ、研修生や、採用を前提にした紹介予定派遣などで適性を見極めたうえで本採用する。配属は「社内ドラフト制度」や自己申告制、FA制度などで全員に均等な機会を与えるとともに、市場や成果の客観的価値とリンクした成果主義で処遇する。なお成果主義については、モラルハザード、ノルマによる締めつけ、短期志向、挑戦意欲の減退などの弊害が指摘されているが、その多くは成果主義そのものの欠陥というよりも、むしろ成果主義が組織の論理によって人為的に導入・運用されたために生じたものと考えられる。飛躍した例のような印象を与えるかもしれないが、究極の成果主義ともいえる自営業型の働き方でそれらの弊害が概ね回避されていることをみても、成果主義そのものを悪者扱いするのが的外れだと理解できよう。

実際に、組織による人為的な選別から市場・顧客への適応へと転換するためには、これまで社内の人事を司ってきた人事部の役割も見直さなければならなくなる。日本の会社には人事部が強大な権限を握っているところが多く、それが社員を囲い込む一因になっていたと考えられるからである。そこで思いきって人事部を廃止し、徹底した自由競争で配属を決めると同時に、獲得した利益と個人の市場価値によって報酬が決まる制度を採用した会社もある（詳細は拙著『「個力」を活かせる組織』などを参照）。

ところで、このような考え方をするならば若者の間で近年人気が高まっているMBA（経営学修士）取得のための留学や各種資格の取得も、「選別パラダイム」の延長線上にあるといわねばならず、もう少し冷めた目でみる必要がありそうである。重要なのは何を学んだか、何を知っているかではなく、実際に何ができるか、どんな実績を残したかである。

†高等教育も「適応」重視へ

そうすると、高等教育の位置づけや方法も根本的に見直さなければならなくなる。批判を恐れずに提言すれば、大学や大学院などは自らを研究や学習のための場として位置づけ、組織の論理に基づいた介入はできる限り排除すべきである。

たとえば、入学定員にしてもいわば人為的・便宜的に定められたものであり、その数字に絶対的な根拠があるわけではない。また入試の結果や入学後の成績は、個人の潜在能力や可能性の代理指標として必ずしも役に立たなくなっている。それなら、多くの識者たちが主張するように大学等は「入りやすいが出にくい」欧米型へ転換するのではなく、「入りやすくかつ出やすく」すべきではなかろうか。

そもそも、市場や社会のニーズと大学という組織が用いる基準の間には乖離があって当然ともいえる。もちろん大学で身につける教養、知識、思考方法などは職業生活を送るうえでも役立つが、他の手段でそれらを身につけていたり、あるいはそれらが欠けていても実際に価値を生み出すことのできる人を、学歴だけで最初から排除する理由はないはずである。したがって、組織によって選別されたり資格を与えられるよりも、市場や社会によって個々人が直接評価された方が公平性の面でも妥当性の面でも望ましいと考えられる。かりに入試も卒業証書もなくなれば、会社や社会は、学歴という安易で画一的な尺度に依存することができなくなる。学生の側もあまり意味のない受験勉強から解放され、カリキュラムの制約を受けず自由に学べる反面、実力で勝負せざるをえないので、過渡期にはともかく長期的には今より真剣に勉強するようになるはずである。

このような考え方が実践されているところが、進学予備校やカルチャーセンターである。そこに通ったからといって卒業という資格を得ることはできないが、授業や講義の内容に価値があるために高い料金を払って通い、しかも真剣に学習している。これからは日本の大学でも、いったん社会に出た人がふたたび戻って学ぶケースが増えてくる。また、インターネットなどを利用し直接対面せずに授業を受ける学生も増加するだろう。はっきり言って、どこでどんな形で勉強しアウトプットを出してくるのかわからないし、その中からあえて独力でまとめたものだけを抽出することがどれだけ意味があるかも疑問である。したがって、試験や卒業という制度はますます意味をもたなくなると思われる。

もちろん現実には、そこへ至るまでに多くのハードルを越えなければならないが、少なくともこれまで当然のごとく行使されてきた組織の権限や影響力そのものについて、その正当性や妥当性を問い直すことは必要である。

†遠心組織のルールづくり

ただ、現実に旧中間組織による強制や束縛をすべて取り払うことができるかといえば、それは不可能に近い。組織の目的を達成するため、あるいは全体の利益の視点から、必ずしもメンバーの意に添わない負担を課さなければならない場合がある。会社組織については、すでに公刊された拙著の中でたびたび論じてきたので、ここでは自治会、PTAなどの旧中間組織を念頭におき、メンバーの積極的参加が期待できない奉仕的な部分をいかに処理していくべきかについて少し考えてみよう。

まず、遠心組織はメンバー自身が積極的な参加を望んでいないという事実から出発する必要がある。したがって単に民主主義の原則に則って運営されるだけでなく、個人の権利を守るために自由主義や立憲主義の考え方が必要になってくる。すなわち、個人に対する強制や束縛は必要最小限にとどめなければならない（強制最小化の原則）。

そこで、全体としての活動は必要不可欠なものとしてメンバーが合意した範囲に限定されることになり、活動の内容も自ずと限られてくる。ちなみに東京都が一九九六年に行った「地域社会に関する世論調査」では、町内会や自治会がどんな活動に力を入れることを期待するかという質問に対し、「防災、防犯、交通安全の面で安心して暮らせる地域づくり」（六五・〇％）や「ごみ、リサイクル、清掃、環境保護に関する活動」（五一・五％）などをあげる者が多く、「祭、運動会など地域住民の交流」（二六・四％）、「慶弔や親睦」（一七・三％）、「文化、スポーツ、学習活動」（一三・五％）などをあげる者は少なかった（複数回答）。住民の期待が大きいのは生活上必要な活動である。要するに、遠心化した自治会や町内会はいわば夜警国家としての役割を果たせばよいわけであり、それ以外は賛同した人たちによるボランティアなどで行うべきなのである。

問題は、全体にとって必要不可欠な活動（夜警国家的な役割）を、メンバー個々人にどのように負担させるかである。最初に決めなければならないのは組織の責任者、すなわち会長をはじめとする役員である。

遠心組織の場合、個々のメンバーは活動そのものの必要性は認識していても、自分自身は積極的に関わろうとしない。そうはいっても「遠心力」の強さは、人によって差がある。したがってまず自発的な立候補を募り、その中から選挙で選ぶべきである。国政選挙などでは、「なりたい人よりならせたい人に」というキャッチフレーズがあるが、遠心組織の場合には、「なりたい」もしくは「なってもよい」人の中から選ぶのが大原則である。ただ、実際には立候補者が現れない場合が多い。その場合には、次善の策として推薦や話し合いといった方法がとられるが、あくまでも本人の自由意思による受諾が不可欠であり、受諾が得られない場合には、公平の原則に従ってくじ引きで決めるか、もしくは回り持ちにすることが望ましい。なお、役員の負担が大きい場合や引き受け手が少ない場合には、無償にこだわらず、何らかのインセンティブ（誘因）を用意してもよかろう。

このような考え方はとくに真新しいわけではなく、異論は少ないと思われる。問題はむしろ、メンバーに奉仕作業などを課す場合、「強制最小化の原則」と公平の原則をいかに両立させるかである。

自治会活動の場合、地域によっては参加しない人に金銭的な負担を課しているところが少なくないようである。それに対しては、一方で「負担を強制するもので望ましくない」という意見があり、他方には「お金さえ出せば済む問題ではない」という逆の側からの批判もある。しかし、ボランティア精神や個人のモラルに依存しすぎると、無言の圧力や感情的な反発を招きやすく活動そのものも不安定になる。

そこで、活動内容が単なる労役の負担にすぎないような場合には、むしろ徹底して経済的な解決の道をさがすことが合理的だと考えられる。問題は、右のようなケースで不参加者に課す負担金の額をどのように決めるかである。金額が高すぎると不参加者から不満がでるし、低すぎると参加者から不満がでる。したがって理屈のうえでは市場価格、すなわちかりに外部から人を雇ってその仕事をさせたらいくらになるかを基準に負担金を決めるのが妥当である。実際にその負担金で代わりの人を雇ってもよいし、参加者がその分の仕事をこなして負担金を受け取ってもよい。そして、かりにだれもが参加するより負担金を支払う方を選択するならば、業務を丸ごと外部に委託すればよい。

このように市場と連動させることによって、参加者にも不参加者にも不利益は生じないわけであり、強制・束縛はもとより集団の圧力や感情的な反発も取り除くことができよう。ただ、業務量が小さく頻度も少ない場合にはこのような方法はコストの面で無駄が多いし、実際には単なる労役以上のものが求められることもある。多くの場合、共同作業に参加できない最大の理由がスケジュールのバッティングであることを考えるならば、複数の班による輪番制にして都合のつくときに参加できるようにするとか、ボランティアや介護サービスなどの分野で利用されている時間預託のような制度を導入することもできるのではなかろうか。

こうした考え方はドライすぎるとして抵抗感を覚える人も少なくなかろうが、個人の意識や生活様式の変化を踏まえた場合、思いきった切り替えが必要になっていると考えられる。

2 新しい中間組織の創造

†オルタナティブとして

本書では、個人の自由や平等を保障するために全体社会が中間組織に対して優位に立つべきだという立場をとってきた。しかし一方で全体社会、具体的には国家権力の肥大化、独走をチェックしなければ全体主義、独裁政治に陥ることはいうまでもない。したがって、常に国家権力の肥大化や暴走、あるいはその活動内容をチェックし、政策に対する代替案を提示する存在が必要である。

そのことはまた、中間組織にもあてはまる。従来の日本社会では、一元的な旧中間組織が役割を独占し、それに対抗する中間組織は存在しないことが多かった。会社は現実にはほとんど唯一の就職先であり、しかもいったん就職すると転職の機会は少なく、兼業も制限されていた。また、自治会、学校、PTAといった組織も地域独占的で、個人が選択して参加する道は閉ざされていた。そして競争がない組織は淘汰されることがないため、どうしても専制的、独善的になりやすい。囲い込みも、そこから生まれた病理現象といえる。

したがって囲い込みを崩すにはまず、旧中間組織に対するオルタナティブ（別の選択肢）を提示し、旧中間組織の存在とその役割を相対化することが必要になる。幸いにして近年さまざまな領域で、旧中間組織が果たしてきた役割を部分的に代替するような組織をつくろうとする動きが活発化している。

たとえばNGOやNPOは、既存の行政や自治会・町内会などに代替する役割を果たすことが期待されている。行政の中にも、東京都武蔵野市のように町内会に代わるコミュニティづくりに取り組んでいる自治体がある。

またNGOやNPO、ボランティア組織などは、その活動が担う社会的役割とは別に、既存の会社や役所に代わる活動の場、自己実現の場としても注目されている。そのほか働く場としては、ベンチャー企業やSOHO、それに労働者が自主管理するワーカーズコレクティブなども新しい就業機会を提供するものといえる。労働組合も、働き方の変化や就業形態の多様化に伴って、いわゆるネットユニオンをはじめ従来の企業別組合に代わる個人加盟の組合が存在感を増してきている。

教育の世界では、既存の学校に代わるものとしてアメリカなどで普及しているフリースクールやチャータースクールがある。また学習塾も現実に教育面では一定の役割を果たしているし、運動部のオルタナティブとしては地域のスポーツクラブなどがある。

こうした組織は、その役割に注目し「代替セクター」と呼ぶことができよう。ところで、多くの人々は旧中間組織の束縛から解放されると、今度は新たな組織に対してより積極的に関わろうとするようになる。とりわけ、個人的な思いを実現したり社会参加をするための場として、新しい中間組織の役割は大きくなる。個人が単に消極的な自由を確保するだけでなく、積極的な自由を拡大するためには組織の力を借りなければならないことが多いからである。

したがって新しい中間組織には、これまで以上に人々を引きつける「求心組織」としての魅力と、社会的な正当性が強く求められるようになる。そこで、組織の内側に目を向け、新中間組織がどのような条件を備えていなければならないかを考えてみよう。

†組織づくりの三原則

求心組織であり、かつ社会的正当性を獲得するためには、メンバーに積極的な参加の機会が与えられていること、すなわち民主的なプロセスが保障されていなければならない。もっともこの点については、民主主義の手続きに関する優れた書が多数存在するのでそちらに譲り、ここでは囲い込みに直接関係する部分に限定して述べることにしたい。

これまでみてきたように、個人の権利という面からも、また組織が個人を引きつけるためにも、どのような形であれ参加が強制されてはならない。実際に旧中間組織に代わるものとして新たに生まれたり設けられた組織（代替セクター）の中には、自主的参加を基本にしている例が多い。

たとえば、先にあげた武蔵野市には全市的に網羅された自治会、町内会は存在しない。同市では長期計画に基づいたコミュニティ構想が打ち立てられ、市民参加と市民自治の場として設置されたコミュニティセンターを拠点に、自主参加、自主企画、自主運営の「自主三原則」を柱とした活動が展開されている。また、ボランティア組織のように任意参加でなければその名に値しないものもある。

参加が任意であることは新しい組織をつくるうえでの基本原則であるが、一部新興宗教の組織や家父長的経営の企業をみればわかるように、たとえ参加が任意であっても個人を全人格的に包み込むような組織では個人の自律性を保つことが難しい。旧中間組織と違って新しい中間組織は、個人が自由意思に基づき複数の組織へ多元的に帰属することを前提にしている。したがって、いずれの組織も独占的、排他的であってはならず、特定の機能を果たすのに必要な範囲でメンバーと関わることを条件にすべきである。

さらに、可能な限り地域閉鎖的にならないことも重要である。地域に基礎を置く旧中間組織はもとより、各種NPOや市民運動の中にも特定の地域内に活動範囲を限定しているところが少なくない。多くの人々にとって地域が生活の拠点であり、また市民運動などをとおして政治や行政に働きかける場合には、行政区域を単位として活動することにそれなりのメリットがある。

しかし一方で、第三章で述べたように個人の生活範囲は著しく広がり、地域住民の利害の共通性も小さくなってきている。そのうえ、組織の活動範囲を特定地域に限定すればそれだけ普遍性が低くなることは避けられない（第二章で既述）。したがって、広く社会的に認知され正当性を得ようとするならば、メンバーや活動範囲は特定地域に限定されない方がよい。かりに地域性を重視する場合でも、既存の行政区域に縛られず実際の生活範囲など本来のコミュニティを対象にすることが望ましい。

要するに、《参加が任意である》こと、《活動分野が限定されている》こと、そしてできる限り《地域閉鎖的にならない》ことを組織づくりの原則とすべきである。

†独立した個人のネットワークを

組織はもちろん、公共的な目的でつくられるものばかりではない。個人が自らの利益を増進したり目的を達成するために、新しいタイプの組織がつぎつぎとつくられている。

仕事の世界では、独立した個人事業主の連合体のような組織が登場してきた。コンピュータソフトの開発・販売をするI社は、いわゆるバーチャルカンパニーを取り入れており、核になるメンバーはほぼ全員が他社の社長を務めている。彼らは、あくまでも特定のビジネスを遂行するためにI社のメンバーとして働いているのである。

一方、C社はクリエーターをネットワーク化した組織であり、そこには映画・テレビなどの映像関係、ゲームやエンターテイメント、マルチメディア、広告などさまざまな分野の専門家がフリーランスの身分で参加している。彼らにとって、会社と契約を結びそこに参加することによりビジネスに関する情報が得られるほか、プレゼンテーションの代行、制作条件やギャランティーの交渉などを会社に任せることができる。要するに、フリーランスとしての自由を保ちながら、組織化のメリットを享受しているわけであり、見方によれば前節で述べたインフラ型組織の典型であるともいえよう。

そのほか、職人やSOHOワーカーが共同で仕事を請け負うような形態も増えており、独立自営と雇用の中間のような働き方、そして出入りが容易で内と外との境界もはっきりしない組織が目につくようになってきた。

仕事以外の面でも、個人が複数のネットワークを築き、外部とコミュニケーションや連帯の道を開いておくことによって、特定の組織による囲い込みから逃れることができる。しかも、個人が独立して活動するようになるほどそうしたネットワークが重要になる。

共通の趣味やスポーツを楽しむ仲間、同じ悩みや問題を抱えた人たち、社会的な運動に関わる同志など、世の中には数え切れないほどのネットワークが存在する。個人が自らの意思でそうした多くのネットワークの中に入ることによって、個性や自律性が獲得できるとジンメルは考えた。

これまでのように「最初に組織ありき」という前提から出発するのではなく、具体的な目的や必要性によって自発的に組織に参加し、また組織をつくっていく。したがって、そこでは組織の論理によってメンバーが支配されるわけではない。新しい組織づくりには、このような組織の原点に立ち返ることが求められる。

3 「超」組織の必要性

†組織の限界

第二章でも述べたように、中間組織は全体社会の圧力から個人を守り、また個人に参加の機会を与えることによって積極的な自由（〜への自由）を拡大する役割を果たす。その反面、メンバーの消極的な自由（〜からの自由）を束縛したり、機会の平等（「公平」と置き換えてもよい）を妨げる陰の部分がある。とりわけわが国の社会では、さまざまな組織がメンバーを囲い込んできたが、近年の個人主義化とライフスタイルの変化によって、その矛盾と問題点が露呈されてきた。

遠心化した旧い中間組織の改革、そして新しい中間組織の創造によってそれらはかなり改善されるだろう。しかし組織（中間組織）は本来、広い意味での特殊利益を追求するものである。企業が行うメセナやフィランソロピーなどはもちろん、NPOや政党のように公的使命や公益の追求を目的とする組織の活動といえども、その普遍性は限られており、必ずしも社会全体の構成員が公平に扱われる保証はない。むしろ、組織への参加や活動内容が自発的、自律的であるほど、逆に平等なサービス、継続的・安定的な活動といった面で公益性を担保することが難しくなるというジレンマがある。

要するに、社会全体を俯瞰し、すべての構成員を公平に扱うことを個別の組織に期待するのは無理なのである。しかも、複数の組織が併存し利害が錯綜するようになると、個人の自由や平等が脅かされる可能性も高くなる。そこで、組織を超える存在、すなわち全体的な視野から個人の自由や平等といった権利を保障する、全体社会としての国家の役割がいっそう重要になってくる（すでに述べたように、グローバル化がさらに進行して国家を超える組織によって統治されるようになれば話は別であるが）。

図表16　組織と社会の役割の変化

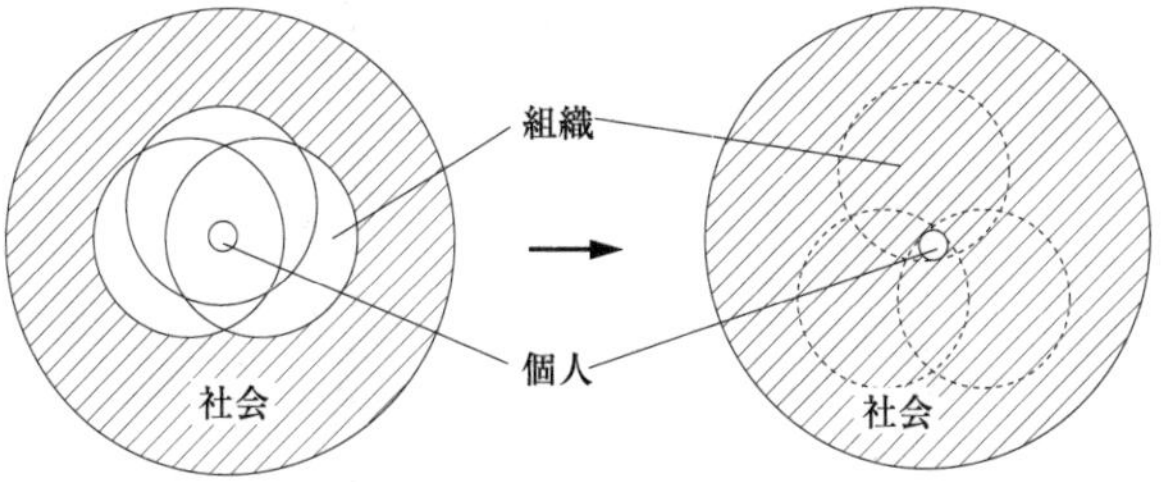

しかし一方で、国家権力に対する抑止力が働かなければ、権力は肥大化し独裁や全体主義に陥ることは目にみえている。とくに近年は、「公共性」、「環境」といった全体の価値と個人の利益や権利とが対立し、一筋縄ではいかないケースも増えている。したがって、個人の自由・平等を保障するためにどれだけの権力が必要かという視点から常にチェックがなされていなければならない。ＮＧＯ、ＮＰＯや政党などのように、中間組織の中にはその役割を期待されているものも多い。

要するに、中間組織の役割は相対的・補完的なものであり、基本はあくまでも「全体と個」である。そして、全体と個の間で不断に綱引きが行われていることが必要であり、その中で政府の「大きさ」も決まってくる。

ここで強調しておきたいのは、「小さな組織」は「小さな政府」に直結しないということである。会社にしても学校にしても、これまでは組織の「囲い」の中で組織内の正義が追求されてきた。ところがその「囲い」が崩れ、個人がオープンな場で競争にさらされるようになると、組織の枠を超えた社会の存在がクローズアップされてくる（図表16）。そこでは、個別の組織ではなく国家（政府）が中心になって「社会的な正義」を実現しなければならなくなる。

それでは、全体社会すなわち国家の役割についてもう少し敷衍しておこう。

†機会均等と選択の自由は両立するか

組織の役割が小さくなった場合、全体社会としては、個々人に均等な機会を与えてあとは自由競争に委ねること、そして結果の不平等には富の再分配やセーフティネットで対処するというのが一般原則になる。それでもなお、「弱肉強食の市場原理を基本的に正当化するものだ」といった批判はあろうが、少なくとも政治的なリベラリズムや新古典派の経済学の理念とは概ね調和するはずである。

しかし、実際にはこのように一筋縄ではいかない場合も多い。たとえば、機会そのものをめぐって競争が行われているとき、それにどう対処するかが問題となる。その象徴的な例が、公教育における「機会均等」と「選択の自由」という二つの原則の間で繰り広げられるせめぎ合いである。

憲法で規定されているように、国民には教育を受ける権利があり、その機会は均等に与えられなければならない。ところが一方では、公立学校で機会均等の名のもとに画一的な教育が行われ、教育レベルの低下も指摘されるようになった。そして近年、公立学校でも学校や教師を選択する自由が必要ではないかという声が大きくなり(たとえば堤清二・橋爪大三郎)、一部にはそれを実践するところも現れてきた。

たしかに選択の機会が公平に与えられているならば、かりに学校間やクラス間で教育の水準に差があっても機会均等の原則には反しないかのように思える。しかし、このような考え方は、個人が自己責任を負えることを前提にしている。少なくとも初等教育や中等教育の段階では生徒自身が未成熟であるため、生徒に完全な自己決定能力を認めることはできない。とくにこの段階では、親の資力や教育への熱意が選択を大きく左右する。そして、受ける教育の水準そのものが、機会の不平等、すなわち将来における上級学校の受験や就職、仕事といった競争にハンディを与える可能性がある。そのため教育は、医療などと同じく金銭による富の再分配といった形で事後調整することができないのである。

かといって教育内容や水準を完全に等しくすることは、個人の選択の自由を奪うだけでなく、個々の学校や教員の改革への意欲をそぐことにもなる。しかも、一方に私立学校や学習塾が存在する以上、公立校の中だけで平等化を図っても無意味であるばかりか、かえって私立校や塾に通う子との格差を広げ、結果的に機会の不平等を拡大するという見方もできる（前述した組織内平等主義の破綻と同じ）。結局、機会均等の原則と選択の自由は基本的な部分で対立が避けられない。

教育の場に限らず、そもそも組織の目的は広い意味での特殊利益の獲得にある以上、所属組織による格差を完全になくすることは、組織化の努力を無意味にし、組織そのものを否定することにつながる。したがって、組織化と選択の自由を認めたうえで、結果として生じる機会の不平等（所属組織による格差）を一定の範囲にとどめるという折衷策をとらざるをえない。

問題は「一定の範囲」とはどの範囲かであるが、最終的には政策的判断の領域に属するとはいえ、少なくとも個人の能力と努力によって克服できないようなハンディが生じないことを目標とすべきであろう。そして格差がその範囲を超えれば、イギリスのブレア政権がレベルの低い学校を底上げするため積極的に介入したように、国の関与が必要な場合もある。

†実質等価の原則

もっとも、自由と平等のジレンマは必ずしも絶対不可避なものではなく、それを小さくする努力を怠り最初から折衷という手段に頼ろうとするのは一種の怠慢といえる。

私たちの身のまわりには、種類の異なるものが状況によって代替的な機能を果たしていることが少なくない。そこでは、多様な方法が用いられているにもかかわらず、実質的には同じような効果があがっているのである。国の政策や公共サービスも、かりに内容に差があっても実質上の平等が保たれるならば問題はないと考えることができる。これを「実質等価の原則」と呼ぶことにしよう。

教育の場では、目標の達成水準さえ基準を満たせるならば、当然のことながら教え方は学校や教師の自主性に委ねてよい。そうすることによってはじめて、学校や教師の創意工夫や改善への意欲を引き出すことができる。

もちろん、教育以外の公共サービスについても同じことがいえる。第二章では、地方分権には地域の格差を拡大し、本人の責任によらない不平等を招くおそれがあることを指摘したが、一方で画一的な平等化は非効率なうえ、地域の特殊事情に照らすとかえって実質的な平等を損なう場合も少なくない。さらに、グローバル化が進行する中で国内の画一的平等にこだわることにどれだけの意味があるかという疑問もあろう。

したがって、地域の実情に応じた行政を行うことによって同等の効果をあげることができれば、その方がむしろ実質的な平等を実現できるという解釈が可能となる。実現可能性は別として、思いつきでいくつかの例をあげてみよう。

採算上の理由から定期バスを運行できないような地域では、住民の足を確保するため高齢者に無料タクシー券を配ったり、介護サービスの内容が劣る自治体では、それを補うため高齢者同士の助け合いに一定の補助金を支給するようなことができるかもしれない。さらに、地元に大学がない地域では都会で独り暮らしをして大学に通うのに必要な追加費用を町が負担したり、病院のない地域では高齢者の家庭を巡回して診断するようなサービスが提供できれば、地元に大学や病院を造らなくても教育や医療を受ける機会の格差は実質的に縮小されるだろう。

国の政策についても、この原則は格差の是正と無駄の排除に有効と考えられる。「最大多数の最大幸福」（J・ベンサム）という功利主義の原則に従って個々の政策に優先順位をつけるならば、何でも需要が多い都会から先ということになり格差は永久に解消されない。それればかりか地方における新幹線や空港の建設が象徴するように、地方としては少しでも格差を埋めようと、かりに必要がないとしてもとりあえず要求するといった現象が起きる。表現はよくないが「取れるものは何でも取っておこう」という発想である。

そこで、たとえば交通網の発達が遅れた地域から情報インフラを優先的に整備するといった政策がとられるなら、地方住民の納得が得られ無駄も削減できよう。この場合、「仕事に必要なコミュニケーションや情報へのアクセス」、あるいは「社会教育のために見聞を広める」という目的のため両者は代替的な役割を果たすと考えられる。

そしてここまで範囲を広げるならば、前章で述べたような、学校や地域を個性化すべきだという主張と個人の機会均等という原則の対立にも、ある程度の折り合いをつけられる。また前節で述べた「代替セクター」は、実質等価という考え方によってこそ社会的な正当性を獲得できる。その意味では、既存の組織による囲い込みを崩すうえでカギになる考え方だといえよう。

ただ、公的な性格が強い組織ほど実質的な平等の確保、すなわちサービスの受け手である個人のレベルで成果のチェックが正しく行われなければならない。とくに手段が多様化するほど成果の測定は難しくなる。しかし、それが正しく行われなければ、多様性の名のもとにそれぞれの組織が好き勝手な行動をとるのを防ぐことができない。またインフラの整備にしても、どの地域(自治体)にどの事業を配分するかといった組織レベルの議論にとどまってしまい、結局は新たな政争の具を提供するだけに終わりかねない。

組織の内から外へと視野を広げ、問題が複雑になるほど政策の目的や価値基準がみえにくくなる。だからこそ、個人の自由と平等をいかに実現するかという、ある意味でナイーブな問題意識にこだわり続けることが必要なのではなかろうか。

あとがき

数年前に『個人尊重の組織論』（中公新書）を書いて以来、企業だけでなくいろいろな日本の組織に共通する閉鎖的体質を個人の視点から批判し改革への展望を示してほしいという声が、私のもとに多数寄せられるようになった。しかもその声の主は、ジャーナリスト、学者、ビジネスマン、経営者、労働組合役員、学生、主婦など実に多様であり、それぞれの立場からの真剣な思いが伝わってきた。それだけ、日本の組織が抱える「囲い込み」という病が深刻なことを物語っている。

周囲を見回しても、組織の中に囲い込まれることを誇りに思い嬉々としている人がいないわけではないが、一方には束縛感や屈辱感を味わっている人もたくさんいる。しかし、いくら自由に生きたいと思っても多くの場合、組織に属し組織の力を借りなければ生きていけないのが現実である（私自身もその一人であるが）。だからこそ、多様な人々が自らの意思で参加し自律的に活動できるような組織への変革が必要なのである。

巷には、「自主」「自律（自立）」「民主」などの看板を掲げる組織や団体が溢れている。

しかしその中身は実に多様であり、看板はあってなきに等しい。なかには、組織としての自律性は尊重されているものの個人がその犠牲になっていたり、本文中に書いたように民主主義の名のもとに強制や「いじめ」がまかり通っていることもある。それは結局、本当の意味における「個人尊重」の精神が欠落しているからである。

あまりプライベートなことを書くのははばかられるが、私自身、本書で取りあげたほとんどの組織に直接・間接に関わってきた経験がある。そして「個人」の視点から、組織をどのように改革すべきかを考え続けてきた。格好良くいえば、一種の参与観察をしていたわけである。ただ研究テーマとしては、私にとってこれまでの領域から一歩踏み出した新しい分野である。しかも、社会全体を視野に入れながら目的も性格も異なる多様な組織を一つの切り口で説明しようとすることは、まるで巨象に立ち向かう一匹の蟻のようなものである。自分なりに論理は組み立てたつもりだが、それでも不安は大きい。

そこで構想の段階から、研究者だけでなく一般市民を交えたワークショップを開いたり、いろいろな学会や研究会、それに滋賀大学・立命館大学の大学院などで機会あるごとに私見を述べ、議論を繰り返してきた。その中では、滋賀大学経済学部の同僚教官をはじめ多くの方々から貴重な意見や助言を得ることができた。また、折に触れては関連する組織を訪問し取材をさせていただいた。新書という性格上、具体的なお名前をあげることは差し控えるが、これらの人たちに心から厚くお礼を申しあげたい。

さらにロンドン・スクール・オブ・エコノミクスの大籔毅氏には、草稿を丁寧にチェックしていただいた。そして、本書の企画から上梓にいたるまで、ちくま新書編集部の山野浩一氏には一方ならぬお世話になった。氏のお勧めがなければ、本書は日の目をみることがなかったに違いない。深く感謝する次第である。

二〇〇一年一〇月

太田　肇

引用文献（新聞記事、報告書等を除く）

C・アージリス（三隅二不二・黒川正流訳）『新しい管理社会の探求』産業能率短期大学出版部、一九六九年。

赤岡功『エレガント・カンパニー』有斐閣、一九九三年。

稲上毅「個人主義化と新『コーポレート・コミュニティ』」『21世紀HRMビジョン研究会報告書』21世紀HRMビジョン研究会、一九九三年。

今田高俊「日本的経営の転換」『組織科学』第二七巻第一号、一九九三年。

岩田龍子『日本の経営組織』講談社、一九八五年。

M・ウェーバー（濱島朗訳）『権力と支配』有斐閣、一九六七年。

太田肇『日本企業と個人』白桃書房、一九九四年。

同『個人尊重の組織論』中央公論社、一九九六年。

同『仕事人《しごとじん》と組織』有斐閣、一九九九年。

同「『個力』を活かせる組織」日本経済新聞社、二〇〇〇年。

同「『個の時代』と行政」『受験ジャーナル』実務教育出版、二〇〇〇—二〇〇一年。

同『ベンチャー企業の「仕事」』中央公論新社、二〇〇一年。

S・L・オルニィ（教育文化協会訳）『変化する世界と労働組合』第一書林、一九九九年。

W・コーンハウザー（辻村明訳）『大衆社会の政治』東京創元社、一九六一年。

作田啓一『個人主義の運命』岩波書店、一九八一年。

G・ジンメル（居安正訳）『社会分化論』青木書店、一九七〇年。

高田保馬『社会学概論』岩波書店、一九二二年。

津田眞澂『現代経営と共同生活体』同文舘、一九八一年。

堤清二・橋爪大三郎編『選択・責任・連帯の教育改革』勁草書房、一九九九年。

A・ド・トクヴィル（岩永健吉郎訳）『アメリカにおけるデモクラシーについて』中央公論社、一九八〇年。

徳丸壮也『日本的経営の興亡』ダイヤモンド社、一九九九年。

鳥越皓之『地域自治会の研究』ミネルヴァ書房、一九九四年。

A・O・ハーシュマン（三浦隆之訳）『組織社会の論理構造』ミネルヴァ書房、一九七五年。

間宏『日本的経営の系譜』日本能率協会、一九六三年。

C・I・バーナード（山本安次郎・田杉競・飯野春樹訳）『新訳・経営者の役割』ダイヤモンド社、一九六八年
C・N・パーキンソン（森永晴彦訳）『パーキンソンの法則』至誠堂、一九六一年。

J・ベンサム（山下重一訳）『道徳および立法の諸原理序説』中央公論社、一九七九年。

T・ホッブズ（水田洋訳）『リヴァイアサン』岩波書店、一九五四年。

W・H・ホワイト（上巻：岡部慶三・藤永保訳、下巻：辻村明・佐田一彦訳）『組織のなかの人間』東京創元社、一九五九年。

D・マグレガー（高橋達男訳）『企業の人間的側面（新版）』産業能率大学出版部、一九七〇年。

宮寺晃夫『リベラリズムの教育哲学』勁草書房、二〇〇〇年。

S・ミルグラム（岸田秀訳）『服従の心理』河出書房新社、一九八〇年。

森田雅也「裁量労働制の実態と新しい人事労務管理」関西大学『社会学部紀要』第二八巻第一号、一九九九

六年。

山口生史・七井誠一郎「日本人の労働志向の変化と新しい経営システムの創造」『組織科学』第三〇巻第四号、一九九七年。

山崎正和『柔らかい個人主義の誕生』中央公論社、一九八四年。

S・ルークス、J・P・プラムナッツ（田中治男訳）『個人主義と自由主義』平凡社、一九八七年。

Coser, L. A. *Greedy Institutions*, The Free Press, 1974.

Kravitz, D. A. and Martin, B. “Ringelmann Rediscovered: The Original Article”, *Journal of Personality and Social Psychology*, Vol. 50, No. 5, 1986.

ちくま新書
324

囲い込み症候群
——会社・学校・地域の組織病理

二〇〇一年一二月二〇日　第一刷発行

著者　太田　肇（おおた・はじめ）
発行者　菊池明郎
発行所　株式会社筑摩書房
東京都台東区蔵前二-五-三　郵便番号一一一-八七五五
振替〇〇一六〇-八-四一二三
装幀者　間村俊一
印刷・製本　株式会社精興社

ちくま新書の定価はカバーに表示してあります。
ご注文・お問い合わせ、落丁本・乱丁本の交換は左記宛へ。
さいたま市櫛引町二-六〇四　筑摩書房サービスセンター
郵便番号三三一-八五〇七
電話〇四八-六五一-〇〇五三

ISBN4-480-05924-5 C0236

ちくま新書